Für Entdecker

# Reisehandbuch
# Deutschland im Winter

## Geheimtipps von Freunden

**Herausgegeben von**

Aylin und Stefan Krieger

**Mit Beiträgen von**

Adriane Lochner, Angelika Schwaff, Anika Landsteiner, Anke und Thorsten Schöps, Anna Röttgers, Anne Steinbach und Clemens Sehi, Annemarie Brückner, Ariane Kovac, Bernadette Olderdissen, Bianca Gade, Christoph Karrasch, Cindy Ruch, Daniela Klütsch und Nick Reiter, Elisa Model, Inka Chall, Jan Dimog, Jens Notroff, Johannes Klaus, Julia Schattauer, Julia Schilling, Lynn Benda, Madlen Brückner, Manuela Eicher, Marc Bensch, Marc Jerusel und John Abert, Marco Buch, Marianna Hillmer, Melanie Schillinger, Nadine Lessenich, Nic Hildebrandt, Nina Hüpen-Bestendonk, Nina Soentgerath, Ralf Johnen, Ria Voß, Ricarda Rausch, Sally Wilkens, Sandra Timár, Stella Pfeifer, Steven Hille, Susanne Helmer, Taina Niederwipper und Verena Simon

REISEDEPESCHEN

# Endlich Winter

VON AYLIN UND STEFAN KRIEGER

Zieh dich warm an! Komm mit uns auf eine winterliche Deutschlandreise: Wir werden zusammen mit Schneeschuhen durch den Schwarzwald wandern, auf Kamelen reiten und von Bergen herunterrodeln. In Waschsalons Geschichten lauschen und Japan in Deutschland entdecken. Und wenn uns kalt ist, dann wärmen wir uns in urigen Stuben oder hippen Cafés auf.

Der Winter hat einen schweren Stand in Deutschland. Ihm eilt sein Ruf als dunkler, kühler Zeitgenosse voraus. Das muss sich ändern, finden wir. Denn er ist weitaus besser als sein Image. Man muss sich nur mit ihm beschäftigen, ihn herausfordern, dann offenbart sich seine Vielfalt.

Der Winter möchte uns einladen: auf fantastische Ausflüge und zu einzigartigen Events. Er bittet uns nach draußen, denn er möchte sein märchenhaftes Kostüm zeigen, uns motivieren, mal etwas Neues zu probieren, und seinen Hang zu wundersamen Traditionen mit uns teilen. Wir sollten ihm folgen, um Deutschland von einer ganz besonderen Seite kennenzulernen.

Damit du den Winter zwischen Rügen und dem Allgäu, der Eifel und dem Elbsandsteingebirge neu entdecken kannst, haben wir in diesem Buch die schönsten Herbst- und Winterempfehlungen gesammelt. Unser Dank gilt den Autorinnen und Autoren, die mit uns allen ihre persönlichen Geheimtipps teilen.

Also, worauf warten wir? Lasst uns auf die Reise gehen!

# Norden

# Osten

# Süden

# Westen

# Einfach besser

VON STEVEN HILLE

So muss es sich angefühlt haben, als den Bergsteigerlegenden unserer Zeit Gliedmaßen abgefroren sind. Ich spüre meine Hände nicht mehr.

Von meinen Füßen ganz zu schweigen. Warum um alles in der Welt bin ich nur mit dem Fahrrad unterwegs? Es ist ein klarer, aber sehr eisiger Morgen. Die Sonne scheint. Vielleicht muss ich noch schneller strampeln, überlege ich mir und merke, wie mit diesem Gedanken eine neue Frostwelle durch meinen müden und zu leicht bekleideten Körper jagt. „Nimm dir ein Taxi", haben sie gesagt. Ich wollte darauf nicht hören. Ein Fahrrad ist emissionsfrei. Außerdem stand es kostenlos in der Unterkunft zur Verfügung. Jetzt muss ich da durch.

Die gute Nachricht ist, dass ich es überlebt habe. Von einer Unterkühlung der Gliedmaßen war ich dabei genauso weit entfernt wie von der Spitze des Mount Everest. Ja, manchmal bin ich ein wenig wehleidig. Am schwierigsten war für mich die Überwindung am Morgen und das Durchhalten bei eisiger Kälte. Doch es hat sich gelohnt. Die frühe Fahrradfahrt sparte Emissionen, Geld und verbrannte ein paar Kalorien. Oftmals gelten diese Vorteile auch beim nachhaltigen Reisen durch Deutschland.

## Inlandsflüge vermeiden

Viele Deutsche reisen am liebsten in der Heimat. Aus ökologischer Sicht ist das verdammt gut, denn 75 Prozent der Emissionen einer Urlaubsreise entstehen bei der Anreise. Optimierungsbedarf gibt es lediglich in der Art und Weise: Gift für die Umwelt sind Inlandsflüge. Gleichzeitig ist die Zeitersparnis durch die Warterei

am Flughafen oft gar nicht so groß. Die Bahn fährt inzwischen von Berlin nach München in vier Stunden. Ein Flug wäre nur unwesentlich schneller. Seitdem der Fernbusverkehr ausgebaut wurde, gibt es endlich auch eine günstige Alternative, innerhalb Deutschlands klimaschonend zu reisen. Und vor Ort lernt man seine Umgebung zu Fuß, mit dem Rad oder öffentlichen Verkehrsmitteln am besten kennen.

## In kleinen Familienhotels übernachten

Überall in Deutschland gibt es zauberhafte inhabergeführte Unterkünfte. Oft werden sie als Familienunternehmen betrieben. Kommt man dort unter, investiert man in die Region statt in internationale Konzerne. Außerdem lernt man direkt nette Menschen kennen, die viel über ihre Heimat erzählen können und die besten Insidertipps parat haben. Es gibt in Deutschland auch eine Reihe an Ökolabels für Unterkünfte: *Blaue Schwalbe*, *TourCert*, *Viabono* oder die *Biohotels*.

## Saisonal und regional essen

Jede Region hat ihre eigenen Spezialitäten, und für viele gehört das Entdecken der lokalen Köstlichkeiten zum Reisen dazu. Ein toller Nebeneffekt ist, dass saisonal passende Nahrungsmittel auch der Umwelt guttun, vor allem wenn sie keinen weiten Weg bis zum Teller hatten.

## Für grüne Superhelden: Nimm den Müll Anderer mit

Wir lernen von klein auf, dass Müll in den Mülleimer gehört, nicht auf die Straße oder gar in die Natur. Doch immer wieder landen Dosen, Flaschen, Plastikverpackungen genau dort. Viele Wanderer haben sich deshalb angewöhnt, stets einen kleinen Beutel oder ein Netz bei sich zu tragen, um Müll, den sie während ihrer Tour finden, zu sammeln. So kommt am Ende des Tages oftmals eine beachtliche Menge zusammen, von deren Last man die Natur befreit hat.

Steven liebt die Natur, verrückte Ideen und den Fahrtwind auf seinem Rennrad. Irgendwann dachte er sich, dass er Projekte realisieren sollte, die einem guten Zweck dienen. Aus dieser Idee entstand funkloch.me.

im Norden

Der Winter im Norden macht uns lebendig: In Bremen wird uns bei den *Feuerspuren* eingeheizt, in Lübeck gehen wir auf literarische Entdeckungstour. Hamburg offenbart so manchen gutgehüteten Schatz. Wir lernen, wie mystisch die Lüneburger Heide abseits der lila Blüte wirken kann. Dann wollen wir weiter raus: ans Meer. Es windet am nebligen Watt, Wellen schlagen auf und Möwen kreisen über das platte Land. Hier erleben wir die Natur mit allen Sinnen. Am Abend sind die Haare zerzaust und der Kopf ist frei.

# Norden

Emil-Nolde-Museum
Seebüll

Flensburg

Weihnachtshaus
Husum

Dünen-Therme
St. Peter-Ording

Tönning

Kiel

Helgoland

Büsum

Gut Bossee

SCHLESWIG-
HOLSTEIN

Holstentherme
Kaltenkirchen

Bremerhaven

Hamburg

Olantis Huntebad
Oldenburg

Lüneburger
Heide

Rudis Rundfunk-
und Maler-Museum
Papenburg

Bremen

Grafttherme
Delmenhorst

NIEDERSACHSEN

Hannover

Osnabrück

Carpesol
Bad Rothenfelde

Bielefeld

Roemer- und
Pelizaeus-Museum
Hildesheim

Münster

PS-Speicher
Einbeck

Göttingen

Rügen

Rostock          Greifswald

Usedom

beck

Wonnemar
Wismar

MECKLENBURG-VORPOMMERN

Schwerin

Berlin

olfsburg

unschweig

Magdeburg

# Nackt mit Pudelmütze

Der gestrichelte Mittelstreifen blinkt fahl auf dem tiefschwarzen Asphalt, als ich an diesem Sonntagmorgen auf dem Weg von Kiel Richtung Nordsee bin. Es ist noch dunkel, und ich wäre wahnsinnig gerne noch im Bett geblieben. Heute ist nicht irgendein Sonntagmorgen, es ist der erste Morgen des Jahres. „Frohes neues Jahr", murmele ich mir zu, als ich irgendwo zwischen Rendsburg und Heide meine müden Augen im Rückspiegel entdecke. Warum Büsum, warum ausgerechnet heute? Man kann in Schleswig-Holstein so viele ruhige, entspannte Ausflüge an Neujahr unternehmen: Viele Museen haben geöffnet, es gibt Neujahrskonzerte in Flensburg, Kiel

An Neujahr ist das Wasser in der Nordsee wärmer als die Luft – also, nichts wie rein in die Fluten! Ein Selbstversuch beim traditionellen Neujahrsanbaden.

EINE DEPESCHE VON CHRISTOPH KARRASCH

und Lübeck – auch einige Tierparks freuen sich auf Besucher. In Büsum geht es dagegen alles andere als entspannt zu. Ich habe ein Date mit meinem inneren Schweinehund.

Seit 2003 findet hier am 1. Januar das traditionelle Anbaden statt. Nicht nur in Büsum – auch auf Sylt, Föhr und Norderney, in den Ostseebädern Damp und Eckernförde stürzen sich Furchtlose in die eiskalten Fluten. Ein Brauch, den man sich wohl aus den Niederlanden abgeschaut hat – dort haben sich angeblich 1960 die ersten Menschen zum Nieuwjaarsduik getroffen. Warum mitten im Winter? Ich habe keine Ahnung. Ist das gesund? Fragt mich nicht. Angeblich wird man danach das ganze Jahr nicht krank. Auf jeden Fall scheint der Brauch gut anzukommen: Allein in Büsum versammeln sich jedes Jahr rund 10 000 Zuschauer auf dem Deich am Hauptstrand, um bis zu 500 Waghalsige anzufeuern. Die Vorhersage für heute: vier Grad die Luft, fünf Grad das Wasser. Es weht ein beißend kalter Wind über den Deich, auf dem bereits aufgebaut wird: Fressbuden, Absperrgitter und eine DJ-Bühne, schließlich muss das Spektakel auch standesgemäß beschallt werden. Dann sammeln sich die ersten Schaulustigen an den Gittern, es tönt das erste Mal Wolle Petrys *Wahnsinn* aus den Lautsprechern. Ich schätze, das ist der passende Soundtrack.

Um halb vier kommen die Teilnehmer aus dem angrenzenden Schwimmbad, das vorher als Umkleidekabine und nachher als Aufwärmstation dient. Einige Anbadende tragen Wikingerkostüme, andere gewagte Badebekleidung à la Borat. Sie werden gefeiert wie Rockstars und winken ihren Fans zu, während das Adrenalin sie von innen wärmt. Ich spüre es auch, ich bin einer der nackten Rockstars. Neben mir am Ufer steht eine junge Frau. „Wenn du das hier schaffst, dann schaffst du in diesem Jahr alles!", ruft sie ihrer Freundin zu und läuft schreiend ins Meer. Das klingt einleuchtend, denke ich und zähle runter:

Drei, zwei, eins, … ein halb, … ein viertel, … na gut, null.

Den Rest erlebe ich wie im Film. Meine Videoaufnahmen offenbaren später, dass ich beim Reinrennen seltsame Laute von mir gebe. Ich tauche unter und mache ein zerknittertes Gesicht. Es beißt am ganzen Körper. Meine Atmung ist schnell und flach. Der DJ spielt *Atemlos* und ich verstehe den Gag. Um mich herum kreischen Frauen, johlen Männer. Wann immer ich mit einem Leidensgenossen spreche, brülle ich ihn an. Das Adrenalin. Ich sehe einen Mann mit dicker Pudelmütze auf dem Kopf und denke: Das ist ja clever, dann bleiben die Ohren warm.

Nach 45 Sekunden ist der Ritt auf dem Schweinehund vorbei. Als ich wieder rauskomme, brennt es überall, meine Haut wird schlagartig krebsrot – aber irgendwie fühlt es sich auch ziemlich gut an. Endorphine gepaart mit Gedanken an den gemütlichen Teil des Tages: Alle Teilnehmer haben nach dem Anbaden freien Eintritt in die Saunalandschaft des Schwimmbads, was ich ausgiebig nutze.

„Frohes neues Jahr", sage ich nochmal, als ich meine Augen abends auf der Rückfahrt nach Kiel erneut im Rückspiegel sehe. Diesmal meine ich es einen Tick ernster als heute Morgen. Die wirklich große Erkenntnis wird allerdings erst ein Jahr später folgen: Ich werde tatsächlich kein einziges Mal krank gewesen sein. It's magic!

Christoph ist hauptberuflich neugierig. Als Reisejournalist, Radiomoderator und Fernsehreporter sucht er auf der ganzen Welt nach Orten und Menschen, die Geschichten erzählen können. Dabei tut's auch manchmal weh – wie hier beim Neujahrsanbaden. christophkarrasch.de

# Mystisches Watt

VON AYLIN UND STEFAN KRIEGER

Nebel liegt über dem Watt. Wind pfeift über den einsamen Deich. Wer sich wie der *Deichgraf* in Theodor Storms *Schimmelreiter* fühlen möchte, besuche Büsum im Winter.

Was war das nur für ein Vorhaben, ein Adventswochenende in diesem trüben Küstenort zu verbringen? Die Ausflugsschiffe zu den vorgelagerten Inseln schwanken noch bis zum Frühjahr friedlich im Hafen. Die Antwort kann also nur lauten: Man nimmt genau diese Unwirtlichkeit und macht sie zum Thema der Reise. Am Watt begegnen uns vereinzelt noch andere Ausflügler. Es dauert jedoch nicht lange und wir durchqueren menschenleere Einsamkeit. Links das Meer, rechts der Deich. Monotonie. Der immer dichter werdende Nebel verengt das Wahrnehmbare. Ausgerechnet das Meer, das für Weitsicht und die Verbindung zur Welt steht, liegt nun im Trüben. Es wirkt wie ein stilisiertes Foto, dem man sämtliche Farben entzogen hat. Wir wandern unbekümmert vorwärts.

Aylin freut sich wie ein kleines Mädchen, als wir einer Schafherde ganz nah kommen. Ich freue mich, dass sie sich freut. Die würzige Nordseeluft wirkt hier wie Doping: Wenn die nahende Dunkelheit uns nicht zur Umkehr gezwungen hätte, wäre ich wohl ewig weitergelaufen. Jetzt weiß ich, wo ich hinkommen kann, wenn die Beine unruhig werden, weil *das Draußen* ruft: an die Küste. Im Winter, im Nebel, im Wind. Hier hat man nur sich selbst und das Wetter. Am Ende des Tages wird man sich mit beidem arrangiert haben.

„Die Brandung braust, Möwen kreischen und vor lauter Nebel sieht man kaum das Meer ... Der Alltag ist unwahrscheinlich weit weg."

Aylin und Stefan Krieger, todaywetravel.de

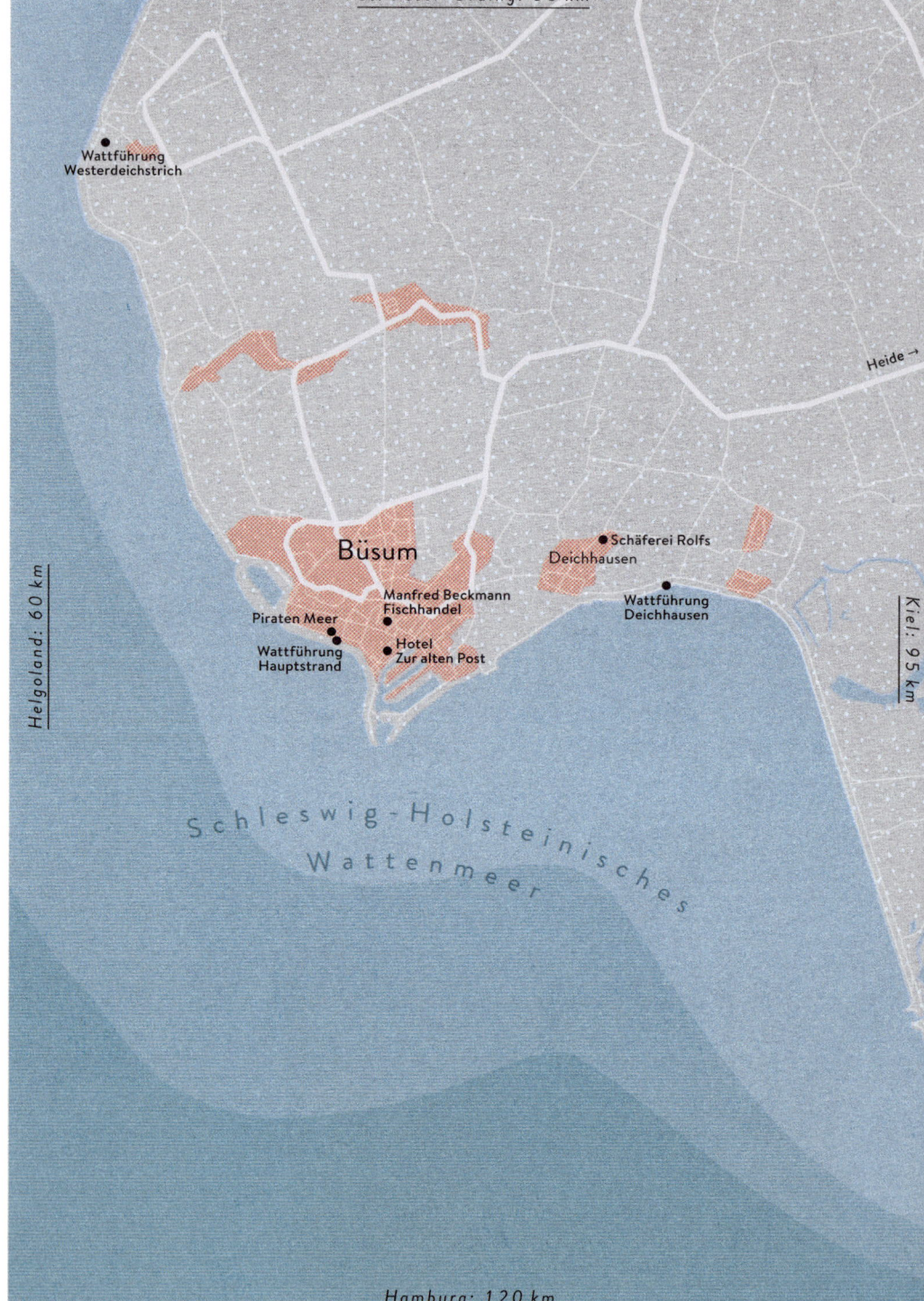

St. Peter-Ording: 35 km

Wattführung
Westerdeichstrich

Heide →

Helgoland: 60 km

Büsum

Schäferei Rolfs
Deichhausen

Manfred Beckmann
Fischhandel

Piraten Meer

Wattführung
Deichhausen

Wattführung
Hauptstrand

Hotel
Zur alten Post

Kiel: 95 km

Schleswig-Holsteinisches

Wattenmeer

Hamburg: 120 km

### Schlafen

Im urigen Hotel **Zur alten Post** kann man es bestens aushalten. Wer Halbpension bucht, genießt ein deftig-norddeutsches Abendessen.
Hafenstraße 2
Doppelzimmer ab 100 Euro inkl. Frühstück
zur-alten-post-buesum.de

### Essen

Unbedingt ein original **Büsumer Krabbenbrötchen** probieren! Bei Manfred Beckmann Fischhandel kann man diese lokale Köstlichkeit standesgemäß direkt vor dem Laden an Stehtischen verputzen.
Alleestraße 35

### Erleben

Es gibt im Winter ca. **zweistündige Wattführungen** mit Profis, die jede Menge Interessantes rund um das Watt berichten. Auch barfuß!
Infos und Termine: watterleben.de

### Erholen

Es ist kalt und du möchtest dennoch in die Wellen springen? Das Erlebnisbad **Piraten Meer** verfügt über ein Salzwasser-Wellenbad und diverse Saunen. Nichts krönt eine nasskalte Wanderung mehr, als ein Saunagang mit Meerblick. Übrigens: Der Eintritt ist mit der Büsumer Gästekarte frei.
Südstrand 9, piratenmeer.de

### Tradition

Alljährlich begrüßen die Büsumer das neue Jahr mit einem **Sprung ins Meer**.
Am 1. Januar am Hauptstrand

### Ausflug

Wer den typischen Deichschafen näher kommen möchte, ist bei der **Schäferei Rolfs** genau richtig: Neben Schafen gibt es auch einen Reiterhof, diverse Ferienwohnungen und ein gemütliches Café. Von Januar bis Mai bekommen die Schafe übrigens ihre Lämmer, spezielle Wochenendarrangements ermöglichen einen Einblick in die Schäferei.
Marschenweg 26, Büsumer Deichhausen
schaeferei-rolfs.de

### Zur Weihnachtszeit

Von Ende November bis Anfang Januar findet im etwa 20 Kilometer entfernten Heide die **Heider Winterwelt** statt. Neben Glühwein und Bratwurst lockt vor allem die 600 Quadratmeter große Eisbahn Besucher an.
3,50 Euro/3 Euro, heide-nordsee.de

Kurabgabe pro Tag von November bis April 1,50 Euro, bis 18 Jahre frei

Die Büsumer Gästekarte ist für Übernachtungsgäste eine kostenlose Leistung, die viele Ermäßigungen oder gar freie Eintritte beinhaltet. Erhältlich beim Gastgeber (Hotel oder Ferienwohnung).

Kostenfreie Parkplätze gibt es hinter der Familienlagune Perlebucht (P1) und am Hafen (P2).

# Schöngeistig in Lübeck

VON MARIANNA HILLMER

Familie Mann, die Buddenbrooks und Günter Grass sind untrennbar mit der Hansestadt Lübeck verbunden. Während ich mit Thomas Mann nie richtig warm wurde, gehört der Roman *Professor Unrat* seines älteren Bruders Heinrich bis heute zu meinen Lieblingsbüchern.

Schauplatz des Romans ist der Familiensitz der Familie Mann, die Hansestadt Lübeck. Auf den Spuren von Professor Unrat und Heinrich Mann entdeckt man nicht nur das bekannte UNESCO-Weltkulturerbe, die Bürgerhäuser der Lübecker Altstadt, sondern auch die zwielichtige Halbwelt des 19. Jahrhunderts. Vorbei an der Schule Unrats, ins Stadttheater, zum Getreidespeicher am Hafen – und schließlich steuert man „im Bogen auf ein weitläufiges Haus zu, mit ungeheurem Scheunentor, wo über dem Bilde eines blauen Engels eine Laterne schaukelt." In der ehemaligen Bordellstraße Clemenstwiete befand sich ein alteingesessenes Lokal namens *Engel*. Heinrich Mann wohnte nicht weit entfernt in der gutbürgerlichen Beckergrube und kannte dieses verruchte Etablissement, auch von innen. Es diente ihm schließlich als Vorbild für den *blauen Engel* in seinem Roman – das berühmte Lokal, in dem Professor Unrat die lebensfrohe Künstlerin Rosa Fröhlich kennenlernt (was in einer verhängnisvollen Liebesgeschichte endet).

## Museen

Das **Buddenbrookhaus** bietet literarische Stadtführungen an, auch zu *Professor Unrat*. Besonders schön ist es in der Vorweihnachtszeit, wenn man durch die festlich geschmückten Straßen zu den Schauplätzen der berühmten Erzählungen geführt wird. Im Haus befindet sich ein Museum mit festen Ausstellungen zu den Buddenbrooks und der Familie Mann.
Mengstraße 4, April bis Dezember: 10-18 Uhr, Januar bis März: 11-17 Uhr
7 Euro/2,50 Euro, buddenbrookhaus.de

Im **Günter-Grass-Haus**, in dem sich das Sekretariat des Schriftstellers befand, ist heute ein Forum für Literatur und Kunst. Neben dem ausgestellten Werk von Günter Grass, der nicht nur schriftstellerisch, sondern auch als Grafiker, Maler und Bildhauer aktiv war, finden hier schöne Veranstaltungen und Workshops statt, auch für Kinder und Jugendliche.
Glockengießerstraße 21
Januar bis März: Dienstag bis Sonntag 11-17 Uhr
April bis Dezember: Montag bis Sonntag 10-17 Uhr
7 Euro/2,50 Euro, grass-haus.de

Am ersten Mittwoch des Monats bietet die **Stadtbibliothek** eine kostenlose Führung durch die historischen Säle an. Sie ist in einem einzigartigen Ensemble untergebracht, das Gebäudeteile aus sieben Jahrhunderten vereint. Man bekommt direkt Lust, sich durch die kunstvollen Bücherregale zu arbeiten und unter den Gewölben des ehemaligen Klosters in die Lektüre zu vertiefen – was auch unabhängig von der Führung möglich ist, da es sich um eine öffentliche Bibliothek handelt.
Hundestraße 5, Montag bis Freitag 10-19 Uhr, Samstag 9-13 Uhr, stadtbibliothek.luebeck.de

Ein wenig versteckt auf der Altstadtinsel befindet sich der wundervolle **Buchladen Prosa**. Eine feine, überschaubare Auswahl wird hier auf ganz besondere Weise präsentiert: Alle Buchcover werden frontal ausgestellt und die wechselnden Themen lauten zum Beispiel „Bei akutem Fernweh" oder „Um einen belesenen Eindruck zu machen".
Dr.-Julius-Leber-Straße 42
Dienstag bis Freitag 11-18 Uhr,
Samstag 11-14 Uhr, prosa-buchladen.de

„Die Adresse für Kreuz- und Querdenker, unruhige und schöne Geister, Bibliomanen mit Hang zum Visuellen und Interdisziplinären" lautet die wundervolle Selbstbeschreibung der **maKULaTUR Buchhandlung**. Neben einer tollen Auswahl und Beratung finden hier regelmäßig Kurzauftritte mit Live-Aufzeichnungen von Musikern und Wortkünstlern statt.
Hüxstraße 87
Dienstag bis Freitag 10-18 Uhr,
Samstag 10-16 Uhr, makulatur.com

Für kleine Bücherwürmer: Veranstaltungen rund ums Buch finden im **Bücherpiraten-Kinderliteraturhaus** statt.
Fleischhauerstraße 71, buecherpiraten.de

Empfehlenswert sind ebenfalls die beiden inhabergeführten Buchhandlungen **Buchfink** im Wirth-Center und die traditionsreiche **Langenkamp Buchhandlung** am Theater. Letztere hat einen bemerkenswerten Fokus auf Independent-Verlage.
Buchfink: Ratzeburger Allee 127
Montag bis Freitag 9-18.30 Uhr,
Samstag 9-14 Uhr
Langenkamp: Beckergrube 19
Montag bis Freitag 9.30-18 Uhr,
Samstag 9.30-14 Uhr

Stets im Februar findet die **Große Kiesau Literaturnacht** statt. Mehrere Privathäuser öffnen an einem Abend ihre Türen und laden unter jährlich wechselndem Motto mit verschiedenen Künstlern und unterschiedlichen Genres zu einem gemütlichen Kulturabend ein.
grosse-kiesau.de

Den schönsten Ausblick über die Lübecker Altstadt hat man vom Turm der **St.-Petri-Kirche**. Bei klarer Sicht kann man die Ostsee sehen. Ein Aufzug ist vorhanden.
Petrikirchhof, 10-18 Uhr, 4 Euro/2,50 Euro

Der **Weihnachtsmarkt im Heiligen-Geist-Hospital**: Im historischen Gebäude aus dem 13. Jahrhundert beginnt stets am Freitag vor dem 1. Advent für elf Tage der Weihnachtsmarkt mit rund 150 von einer Jury ausgewählten Kunsthandwerkern aus Europa. Es finden kunst- und kulturhistorische Führungen durch das Heiligen-Geist-Hospital statt.
Dat Hogehus, Koberg 2
täglich 10-19 Uhr, 3 Euro
frau-und-kultur.de/weihnachtsmarkt.html

# Kurz und gut in
# Hamburg

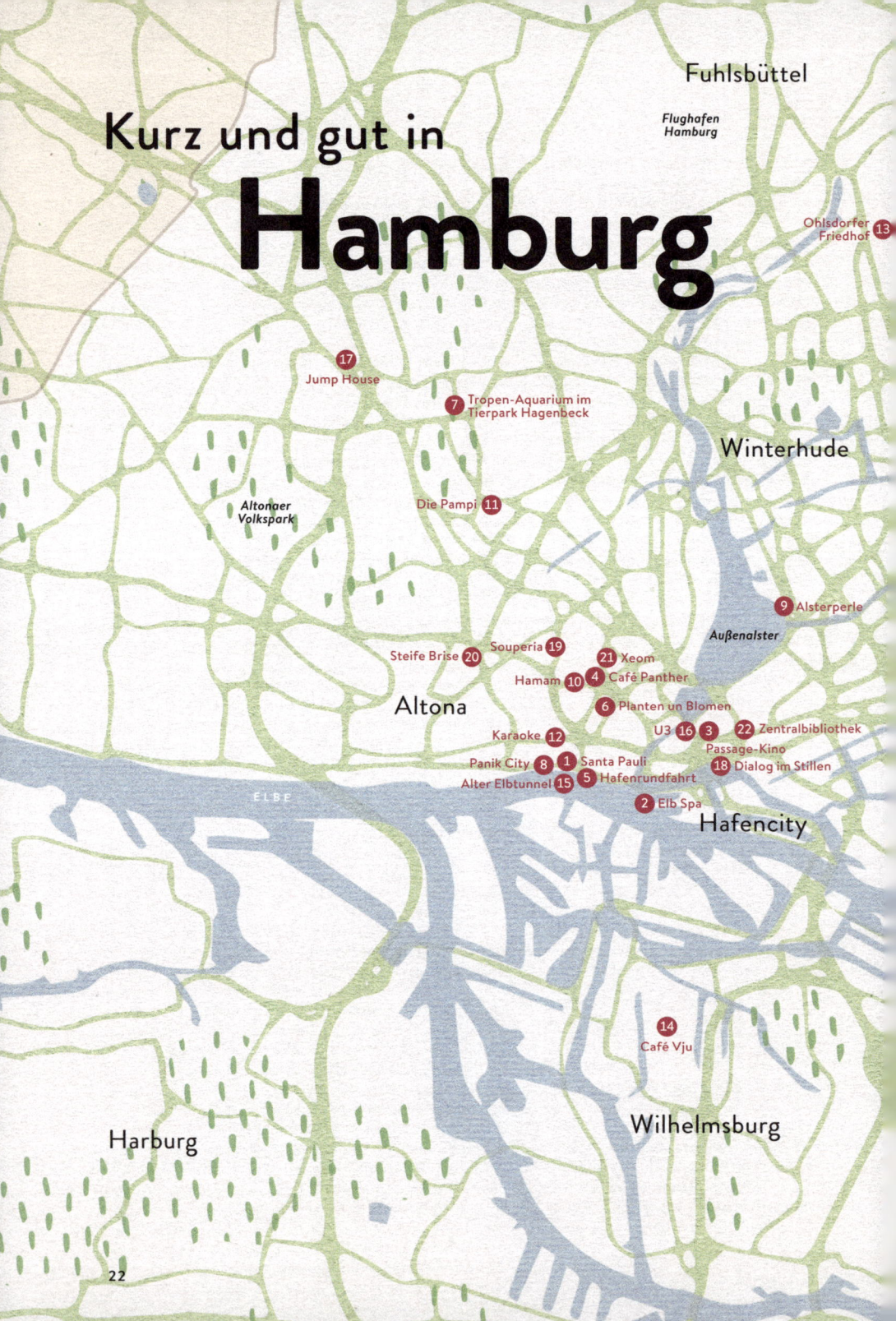

Fuhlsbüttel

*Flughafen Hamburg*

Ohlsdorfer Friedhof (13)

(17) Jump House

(7) Tropen-Aquarium im Tierpark Hagenbeck

Winterhude

*Altonaer Volkspark*

Die Pampi (11)

(9) Alsterperle

*Außenalster*

Steife Brise (20)  Souperia (19)

(21) Xeom

Hamam (10) (4) Café Panther

Altona

(6) Planten un Blomen

Karaoke (12)

U3 (16) (3) (22) Zentralbibliothek

Panik City (8) (1) Santa Pauli

Passage-Kino

Alter Elbtunnel (15) (5) Hafenrundfahrt

(18) Dialog im Stillen

ELBE

(2) Elb Spa

Hafencity

(14) Café Vju

Wilhelmsburg

Harburg

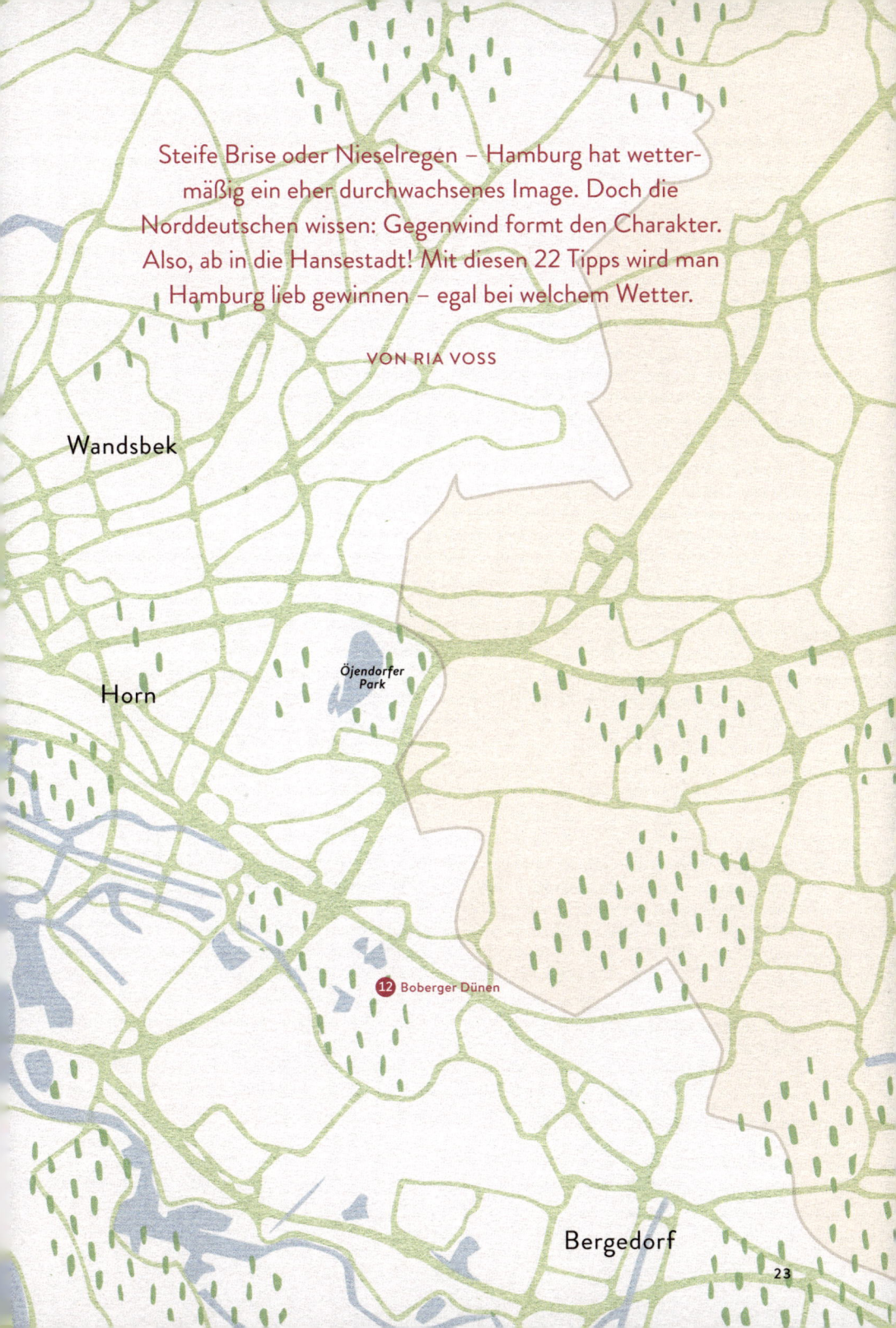

Steife Brise oder Nieselregen – Hamburg hat wetter-
mäßig ein eher durchwachsenes Image. Doch die
Norddeutschen wissen: Gegenwind formt den Charakter.
Also, ab in die Hansestadt! Mit diesen 22 Tipps wird man
Hamburg lieb gewinnen – egal bei welchem Wetter.

VON RIA VOSS

Wandsbek

Öjendorfer
Park

Horn

12 Boberger Dünen

Bergedorf

## 1. Skurriler Glühweinstand

In Hamburg gibt's vieles. Auch eine Apotheke, in der es ausschließlich Glühwein gibt. Natürlich nur auf Rezept.

Santas Glühweinapotheke auf dem Weihnachtsmarkt „Santa Pauli", Spielbudenplatz

Ab Ende November bis 23.12. geöffnet

## 2. Entspannen in der Elphi

In der Elbphilharmonie kann man nicht nur Konzerten lauschen, sondern auch die Seele baumeln lassen – inklusive Blick über den Hamburger Hafen.

Elb Spa, Platz der Deutschen Einheit 2

7-22 Uhr, Samstag und Sonntag ab 8 Uhr

Tageskarte ab 40 Euro

## 3. Kino-Date

Sich einen gemütlichen Abend im Kino machen? Dazu lädt das stylische Passage-Kino mit seinem außergewöhnlichen Ambiente – samt Kronleuchter und goldener Tapete im Art-Déco-Stil – ein.

Passage-Kino, Mönckebergstraße 17

## 4. Sportlicher Kaffeegenuss

Im Café Panther erinnert das Interieur an den Sportunterricht in der Schule. Aber auch sonst ist das Kleinod im Karoviertel ein Highlight. Der Käsekuchen ist ein Traum!

Café Panther, Marktstraße 3, 9-22 Uhr

## 5. Kleine Hafenrundfahrt

Mit der HVV-Fähre kostengünstig bis nach Teufelsbrück und wieder zurück schippern, und das winterliche Hamburg vom Wasser aus bestaunen.

Startpunkt der HVV-Fähren: Landungsbrücken 1-3, Fähren 62 und 64

## 6. Schlittschuhlaufen in Planten un Blomen

Die große Parkanlage liegt mitten in Hamburg. Schlittschuhfans können in Deutschlands größter Open-Air-Eisbahn ihre Runden drehen.

EisArena Hamburg, Planten un Blomen

Mitte November bis Mitte März, ab 10 Uhr

## 7. Exotische Tiere wie im Dschungel

Wer auf einen Zoobesuch im Winter nicht verzichten möchte, geht in Hamburg ins Tropen-Aquarium des Tierparks Hagenbeck. Dort haben es nicht nur die Tiere kuschelig warm.

Lokstedter Grenzstraße 2, 9-18 Uhr, 14 Euro/10 Euro

## 8. Panik City: Udo Lindenberg Experience

Nicht nur für Fans des Rock-Urgesteins ein absolutes Muss. Nach einem Besuch der interaktiven Erlebniswelt auf Hamburgs geiler Meile wird jeder zum Udo-Groupie.

Spielbudenplatz 21-22, c/o Klubhaus St. Pauli

18,50 bis 29,50 Euro, Tickets: panikcity.de

## 9. Stadtpanorama genießen

Ob joggend, gehend oder per Rad, die rund sieben Kilometer um die Alster laden zu einer Auszeit downtown ein. Den Einkehrschwung legt man am besten auf halber Strecke in der Alsterperle ein.

Alsterperle, Eduard-Rhein-Ufer 1, 8-21 Uhr

## 10. Das Hamam auf St. Pauli

Orientalische Badekultur im kühlen Norden. Hier lässt man seine vom Winter geschundene Seele wieder auf Vordermann bringen, weg ist der Winterblues!

Feldstraße 39

Montag bis Mittwoch und Freitag 10-22 Uhr,

Samstag und Sonntag 11-21 Uhr

Tageskarte ab 35 Euro

## 11. Um café, por favor!

Sich für kurze Zeit in die kulinarische Welt Portugals träumen? Im *Die Pampi* kein Problem. Galão und Pastéis de Nata sind der perfekte Nachmittagssnack.

Hellkamp 70, Dienstag bis Freitag 8-18 Uhr,

Samstag und Sonntag 9-18 Uhr

### 12. Boberger Dünen

Sanddünen sind nur etwas für den Sommer? Nicht so in Hamburg. Ein Sonntagsspaziergang auf Hamburgs letzter Wanderdüne lohnt sich zu jeder Jahreszeit.

Anfahrt: S-Bahn 21 bis „Mittlerer Landweg" und Bus 221 bis „Billwerder Billdeich" oder „Bojendamm" oder zu Fuß von der S-Bahn-Station (ca. 30 Min.).

### 13. Ohlsdorfer Friedhof

Dieser Friedhof ist einer der größten Parkfriedhöfe der Welt. Eine grüne Oase im Großstadtdschungel. Im Winter bietet sich eine Fahrt durch den Park mit dem HVV-Bus an.

Fuhlsbüttler Straße 756, Buslinien 170 und 270

### 14. With a Vju

Einen kostenlosen Blick über die Stadt genießen und anschließend ein Heißgetränk schlürfen: Das geht bestens auf dem Energiebunker Wilhelmsburg und im Café Vju.

Neuhöfer Straße 7
Freitag 12-18 Uhr, Samstag und Sonntag 10-18 Uhr

### 15. Elbseite wechseln, bitte!

Unter der Elbe verbirgt sich ein wahres Schmuckstück. Bei einem Spaziergang durch den 1911 erbauten Alten Elbtunnel fühlt man sich in frühere Zeiten zurückversetzt.

Bei den St. Pauli-Landungsbrücken

### 16. Mit der U3 fahren

Wem ein Spaziergang entlang der Speicherstadt und des Hafens zu kalt ist, der nimmt gemütlich die U-Bahn-Linie 3 und genießt den Ausblick, ohne kalte Füße zu bekommen.

U3 fährt zwischen den Haltestellen „Rathaus" und „Kellinghusenstraße" oberirdisch

### 17. Jump House

Indoor-Aktivitäten sind eine gute Alternative bei eisigen Temperaturen. Richtig auspowern kann man sich bei einer Runde Trampolinspringen im Jump House.

Kieler Straße 572
Dienstag bis Donnerstag 15-21 Uhr, Freitag 13-21 Uhr, Samstag 10-22 Uhr, Sonntag 10-20 Uhr

### 18. Dialog im Stillen

Kopfhörer auf und sich für rund 1,5 Stunden nur durch Zeichensprache verständigen. In die Welt der Gehörlosen einzutauchen ist spannend und aufschlussreich zugleich.

Alter Wandrahm 4
Montag bis Freitag 9-18 Uhr, Samstag 10-19 Uhr

### 19. Suppenliebe

Es geht nichts über eine warme Suppe im Winter. In der Souperia im Schanzenviertel bekommt man sowohl traditionelle Suppen als auch ausgefallene Kreationen.

Bartelsstraße 21
Montag bis Freitag 11-19 Uhr, Samstag 12-17 Uhr

### 20. Einen Abend gute Laune

Die *Steife Brise* weht einem in Hamburg nicht nur um die Nase, sondern amüsiert auch herrlich. Keiner bringt die Lachmuskeln so sehr in Schwung wie diese Impro-Theatergruppe.

Spieltermine auf steife-brise.de

### 21. Für die innere Wärme

Den besten Vietnamesen findet man bei den Messehallen. Sowohl mittags als auch abends lässt es sich im Xeom bei Pho, Curry & Co. bestens aufwärmen.

Karolinenstraße 25, Montag bis Freitag 12-22/22.30 Uhr, Samstag und Sonntag 14-22/22.30 Uhr

### 22. Zentralbibliothek Hühnerposten

Früher Hamburgs Hauptpostamt, heute die große Zentralbibliothek. Leseratten können hier stundenlang in mehr als 500 000 Büchern stöbern.

Hühnerposten 1 (Eingang: Arno-Schmidt-Platz)
Montag bis Samstag 10-19 Uhr

So gern Ria auch in der Welt unterwegs ist, nach Hamburg wird sie immer wieder zurückkehren, denn: Home is where your heart is! Ihre Berichte erscheinen auf riaontour.de.

# Wo sich Heidschnucke und Birkhuhn gute Nacht sagen

VON NIC HILDEBRANDT

Wenn du vor den Toren Hamburgs plötzlich totale Ruhe und einzigartige Natur findest, dann bist du in der Lüneburger Heide angekommen.

Ich bin ein Katzenmensch, aber wenn ich das Büsenbachtal entlangwandere, wünsche ich mir immer einen treuen Hund, der mit mir spaziert. Und vielleicht sogar eine Heidschnuckenherde zum Hüten dazu. Hier, wo sich die Landschaft im Sommer in ein zartlila Heideblütenkleid hüllt, wabert im Winter der Nebel zwischen blassen Birkenbäumen und knorrigen Wacholderbüschen.

An manchen Stellen ist der Lauf des kleinen Büsenbachs gefroren und die Stimmung ist fast mystisch. Nur das leise Plätschern des Wasserlaufs durchbricht die Stille, die sich wie eine Glocke über das Tal legt. Ich mag diese Atmosphäre. Entschleunigung pur. Ich liebe es aber auch, wenn Schnee liegt, auch wenn wir eher selten in den Genuss kommen. An solchen Wintertagen ziehen wir die Schlitten zum Brunsberg, der mit seinen 129 Metern zwar eher ein Hügel ist, für einen Norddeutschen aber ein ausgewachsener Rodelberg. Dann ist es mit der Stille nicht ganz so weit her bei ausgelassenen Schneeballschlachten, rasanten Schlittenfahrten und mit viel Kinderlachen.

Und wenn wir dann von einem ausgedehnten Spaziergang im feuchten Nebel oder auch vom Rodeln auf dem Heidehügel durchgefrorene Knochen haben, wärmen wir sie uns im reetgedeckten Café Schafstall wieder auf. Glücklich und mit roten Wangen.

„Der perfekte Abschluss: eine heiße Schokolade mit Sahne und ein Stück der ganz köstlichen, hausgemachten Kuchen im Café Schafstall."

Nic Hildebrandt, luziapimpinella.com

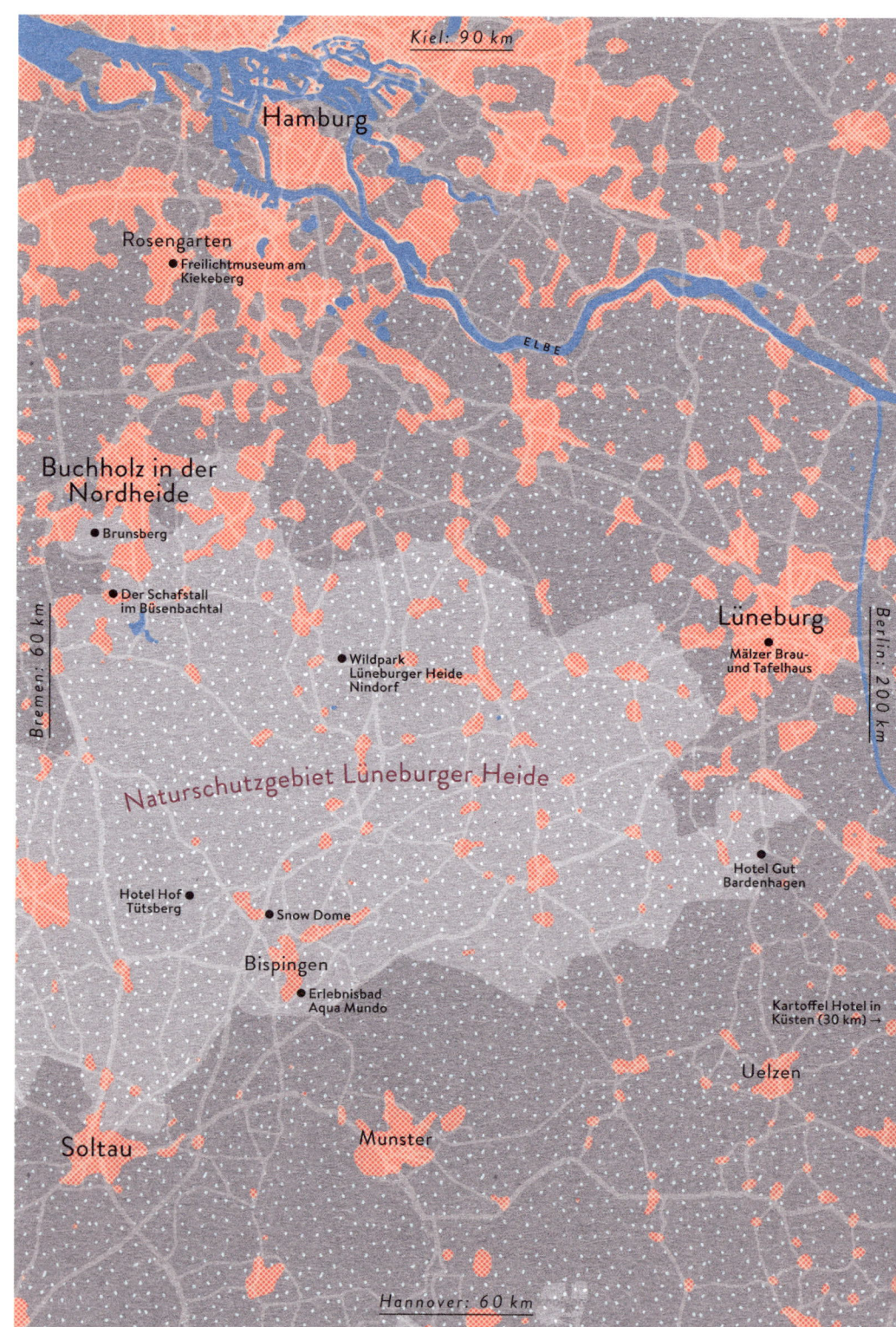

Kiel: 90 km

Hamburg

Rosengarten
● Freilichtmuseum am
Kiekeberg

E L B E

Buchholz in der
Nordheide

● Brunsberg

● Der Schafstall
im Büsenbachtal

Lüneburg
● Mälzer Brau-
und Tafelhaus

Bremen: 60 km

Berlin: 200 km

● Wildpark
Lüneburger Heide
Nindorf

Naturschutzgebiet Lüneburger Heide

Hotel Hof ●
Tütsberg

● Snow Dome

Hotel Gut
Bardenhagen

Bispingen

● Erlebnisbad
Aqua Mundo

Kartoffel Hotel in
Küsten (30 km) →

Uelzen

Soltau

Munster

Hannover: 60 km

## Erleben

Im familienfreundlichen **Freilichtmuseum am Kiekeberg** in
Rosengarten ist der Terminkalender ganzjährig voll mit
spannenden Mitmachaktionen,
plattdeutschem Theater, Märkten und Events.
Am Kiekeberg 1, Rosengarten
kiekeberg-museum.de

Fehlt der Schnee, kann man im
**Snow Dome** in Bispingen Ski
fahren und rodeln. Wer es im
Winter auch gern mal warm und
tropisch mag, der kann den Tag
im **Aqua Mundo**, dem Spaßbad
des Center Parcs Bispinger
Heide, verbringen.
Snow Dome: Horstfeldweg 9, Bispingen
snow-dome.de
Aqua Mundo: Töpinger Straße 69,
Bispingen, centerparcs.de

Seltene Tiere wie Sibirische
Tiger, Vielfraße, Schneeleopar-
den, Polarfüchse, Moschusoch-
sen, Kodiakbären, Schneeziegen,
Elche, Luchse, Waschbären,
Wapitis, Rentiere und Polarwölfe
kann man auf einem Tagesaus-
flug in den **Wildpark Lüneburger
Heide** in Nindorf erleben.
Wildpark 1, Nindorf-Hanstedt
Familienticket 40 Euro, wild-park.de

## Erholen

Im **Kartoffel Hotel** (dem ersten
seiner Art in Deutschland) am
östlichen Rand der Lüneburger
Heide in Küsten-Lüchow dreht
sich alles um die Knolle. Im
Restaurant werden nicht nur
Kartoffelspezialitäten serviert,
es gibt sogar Wellness mit
Erdäpfeln.
Lübeln 1, Küsten-Lüchow
Wellnessarrangements ab 99 €
kartoffel-hotel.de

## Schlafen

Das idyllisch gelegene **Hotel Hof
Tütsberg** in Bispingen ist ein Na-
turhotel, das nicht nur Zimmer,
sondern auch Ferienwohnungen
bietet. Im Restaurant des reetgedeckten Haupthauses aus dem
16. Jahrhundert landet nicht nur
der unvermeidliche Heidschnu-
ckenbraten auf dem Teller,
sondern auch selbst angebaute
Produkte von den umliegenden
Feldern.
Hof Tütsberg, Schneverdingen Heber,
Doppelzimmer ab 89 Euro

Das **Hotel Gut Bardenhagen** in
Bienenbüttel verbindet Tradition
und Moderne in einem denkmalgeschützten Gutshaus vor
grandioser Naturkulisse.
Bardenhagener Straße 3-9, Bardenhagen
Design-Doppelzimmer ab 124 Euro
gut-bardenhagen.de

## Essen

Grünkohl und der norddeutsche Winter gehören einfach
zusammen. Diverse Grünkohl-
Spezialitäten kann man im **Mälzer Brau- und Tafelhaus** in der
mittelalterlichen Altstadt der
Salzstadt Lüneburg genießen.
Heiligengeiststraße 43, Lüneburg
maelzerbrauhaus.de

## Übrigens

Die Lüneburger Heide ist im
Sommer natürlich auch herrlich.
Vor allem wenn sie durch die
**Heideblüte** von Anfang August
bis Mitte September in einen
großen lila Teppich verwandelt
wird.

Im Naturschutzgebiet Lüneburger Heide gibt es noch einige
**Birkhühner**, die in Deutschland
fast ausgestorben sind.
Zehn Heidschnuckenherden
sind ganzjährig in der Heide
unterwegs.

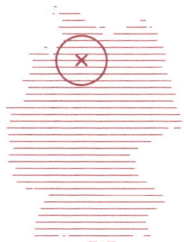

Mit der Lüneburger-
Heide-App holt man
sich einen kostenlosen
Reiseführer mit Tipps
und Infos auf sein
Smartphone.

Die Lüneburger Heide
liegt zentral zwischen
Hamburg, Bremen und
Hannover. Das Natur-
schutzgebiet ist bis
auf wenige Zufahrts-
straßen autofrei.

Nic glaubt an das
Glück, das in den
kleinen Dingen des
Lebens steckt.
Auf ihrem Blog
luziapimpinella.com
teilt sie seit 2006
ihre Reisen und alles,
was sie sonst noch
begeistert.

# Zeit für Kaffee und Kultur

VON LYNN BENDA

Ein Treppenhaus, das zur Theaterbühne umfunktioniert wird, eine Sternwarte mit Weihnachtsmarkt: Hannover hat im Winter einiges zu bieten, und dafür muss man noch nicht einmal tief in die Tasche greifen.

Diese Stadt hat sicherlich den Ruf, nicht zu den schönsten der Bundesrepublik zu gehören. Ganz zu Unrecht, wie wir Hannoveraner finden. Trotzdem halten wir dieses Klischee gerne aufrecht, denn wer will schon die schönste Stadt der Welt teilen? Gerade im Winter entfaltet die niedersächsische Landeshauptstadt ihren ganz eigenen Charme. Auch wenn man es kaum glauben mag, wir Hannoveraner sind sehr gesellige Menschen. So treffen wir uns gerne in einem der zahlreichen Cafés in den angesagten Stadtteilen List und Nordstadt.

Theater

Wie wäre es mit einer Theater-inszenierung in einem opulenten Treppenhaus aus dem 19. Jahrhundert? Schwer vorstellbar, aber die **Cumberlandsche Galerie** macht es möglich. Da das Gebäude denkmal-geschützt ist, wird auf ein Bühnen-bild verzichtet und die verschiedenen Ebenen und Geländer des Treppenhauses genutzt.
Prinzenstraße 9, schauspielhannover.de

Ebenfalls einer meiner Lieblings-orte ist der **Ballhof Eins**, Spielstätte des Jungen Theaters des Schau-spiels Hannover. Es gibt tolle Aktionen rund ums Theaterspielen wie das **ImproCafé**, eine Bühne zum Mitmachen und Improvisieren. Der Eintritt ist meist kostenlos. Ganz nebenbei ist man auch schon in der Altstadt von Hannover, wo es schöne **Fachwerkhäuser** zu bewundern gibt.
Knochenhauerstraße 28
staatstheater-hannover.de

Kaffee

Mein persönlicher Favorit ist das **24 Grad**. Hier wird nicht nur der Kaffee selbst geröstet, es werden auch passende Kaffee-seminare angeboten.
Engelbosteler Damm 52, 24grad.net

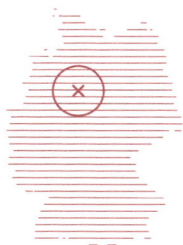

In die Natur

Zwar schneit es eher selten bei uns in Hannover, wenn es dann aber doch mal weiß wird, genieße ich diesen Moment am liebsten im **Tiergarten**. Hirsche und Wildschweine sind im Schnee ein ganz besonderer Anblick. Es lässt sich wunderbar spazieren und abschalten.
Tiergartenstraße 149, Eintritt frei

Wenn es dafür zu kalt wird und man trotzdem etwas Natur erleben will, geht man am besten in die Gewächshäuser der **Herrenhäuser Gärten**. Im Sommer sind sie ein riesiger Besuchermagnet, im Winter ist es deutlich ruhiger. Vor allem die Häuser mit den Kakteen und Sukkulenten versetzen mich immer in Urlaubsstimmung – und dazu ist es noch bullig warm, wunderbar!
Herrenhäuser Straße 4
hannover.de/herrenhausen

### Für Cineasten

Die **Hochhaus-Lichtspiele** befinden sich unter der Kuppel des Anzeiger-Hochhauses. Es ist das höchstgelegene Kino Deutschlands mit toller Sicht über die Stadt.
Goseriede 9, hochhaus-lichtspiele.de

Das über 100 Jahre alte **Apollo Kino** in Linden zeigt klassische und moderne Produktionen.
Limmerstraße 50, apollokino.de

Neu in der Südstadt ist das kleine aber feine **Lodderbast**. Urgemütliche Atmosphäre und mit Filmen ganz weit ab des Mainstream.
Berliner Allee 56, lodderbast.de

### Flohmarkt

Samstags findet unser ältester **Flohmarkt** statt. Auch im Winter trauen sich einige Händler noch zum Verkaufen ans Hohe Ufer.
Am Hohen Ufer 1

### Sternwarte

Ein besonderes Highlight ist die **Sternwarte am Lindener Berg**, die im Winter geöffnet hat. Im Sommer ist es nämlich zu hell, um den Sternenhimmel zu beobachten. Im Winter herrschen perfekte Bedingungen, um in andere Galaxien einzutauchen. Nicht weit davon entfernt ist ein kleiner und vor allem schöner, etwas alternativer **Weihnachtsmarkt**, der bei jungen Menschen und Familien beliebt ist.
Sternwarte: Am Lindener Berge 27
Donnerstag 20-22 Uhr (August bis Mai),
sternwarte-hannover.de
Weihnachtsdorf: Am Lindener Berge 29a

Lynn hat ihr Herz an das südliche Afrika verloren und versucht so oft wie möglich, dorthin zu reisen. Fast genauso gerne ist sie allerdings auch zu Hause in Hannover und erkundet immer neue Ecken in der Stadt und Region. Über all das schreibt sie auf lieschenradieschen-reist.com.

31

# Vintage-Shopping in Hannover

VON NINA HÜPEN-BESTENDONK

In vielen alten Second-Hand-Läden und gut sortierten Vintage-Boutiquen kann man in Hannover unglaublich tolle Schnäppchen machen. Ich habe ein paar Läden im Stadtteil List einmal genauer unter die Lupe genommen.

### Diethmars Kaufhaus

Dieser Laden versteckt sich in einem Hinterhof. Egal, nach was man sucht, ob Requisiten für Filmproduktionen, Trachtenblusen oder alte Schmöker – bei **Diethmars Kaufhaus** wird man ganz sicher fündig und entdeckt immer mal wieder den ein oder anderen unerwarteten Schatz. Man sollte allerdings ein bisschen Zeit und Geduld mitbringen, um sich durch die vielen Regale und Kleiderständer zu wühlen.

In der Steinriede 7
Montag bis Freitag 10-18.30 Uhr,
Samstag 10-14 Uhr

### Kaiser Schnitt

Nur ein Eisprinzessinnenkleid neben einem Schild deutet auf den in einem Hinterhof versteckten, schnuckeligen Vintage-Laden hin. **Kaiser Schnitt** befindet sich direkt an der beliebten Lister Meile. Bei meinem Besuch war ich umgeben von Paillettenträumen aus den 80ern, blumig

gemusterten Blusen aus den 70ern und Plisseefaltenröcken aus den 60ern. Zwischen goldenen Spiegeln und Perlenketten findet man außerdem vom Inhaber gesammelte und restaurierte Rennräder, die man ebenfalls erwerben kann.
Lister Meile 63
Montag bis Samstag 13-18 Uhr

### Kaufhaus König

Die Hinterhoflocation zieht sich wie ein roter Faden durch das Vintage-Thema in der List. Das **Kaufhaus König** hat allerdings ein anderes Konzept: Hier können Hannoveraner wochenweise einen Regalplatz mieten, selbst gestalten und mit ihrem ausran-

gierten Nippes, Kleidern und Büchern bestücken – das Kaufhaus übernimmt den Verkauf. So wird das Geschäft zu einem üppigen Indoor-Flohmarkt, bei dem sich Privatleute, professionelle Sammler und gemeinnützige Organisationen aneinanderreihen.
Lister Meile 35a
Montag bis Freitag 10-19 Uhr,
Samstag 10-15 Uhr, kaufhaus-koenig.de

### Elfie & Ignaz

Wer sich außerhalb der List bewegt, sollte unbedingt in der kleinen Vintage-Boutique **Elfie & Ignaz** in der Nordstadt vorbeischauen.
Oberstraße 8, Dienstag bis Freitag 12-20 Uhr, Samstag 11-17 Uhr, elfie-ignaz.de

Nina liebt es, an den ungewöhnlichsten Orten Schönheit zu entdecken. Auf smaracuja.de bloggt sie in illustrativen Geschichten übers Reisen, Heimweh und wie man Flummiweltmeisterin wird.

# Fette Kombination

Wenn der Wind am Jahresanfang erbarmungslos über die Felder fegt und selbst hartgesottene Bauern das Gesicht verziehen lässt, kann es sich der Frost schön bequem machen. Das mag besonders ein Gewächs so richtig gern: der Grünkohl. In den USA wird er von jedem Foodie seit Jahren gehypt, während in Deutschland vor allem Kinder angeekelt das Gesicht verziehen, wenn Grünkohl auf den Tisch kommt. Weil Norddeutschland so viele Sturköpfe hat und es nicht nur kleine Fehden zwischen Hamburg und Bremen, sondern auch zwischen anderen Städten und Kleinstädten gibt, heißt das Gemüse auch noch überall anders: Braunkohl, Krauskohl, Hochkohl oder sogar friesische Palme.

Was wärmt das norddeutsche Herz am besten? Freunde, mit denen man nicht viel reden muss, Schnaps und deftiges Essen. Besonders im Winter ist das auch bitter nötig.

VON ANGELIKA SCHWAFF

Natürlich wird der Kohl auch überall anders zubereitet. Mit Kasseler oder mit Wurst – deren Inhalt sich alle paar Kilometer ändert. Genannt wird sie dann Pinkel oder Bregenwurst.

Egal, wichtig ist nur: Die Norddeutschen lieben die fette Kombination aus Kohl und Fleisch. Und feiern sie mit einem eigenartigen, aber dafür immer lustigen Brauch, den man hier im Januar und Februar nach dem ersten Frost beobachten kann: Gruppierungen von Menschen, die bei klirrender Kälte über frostige Feldwege, durch verwinkelte Dörfer mit windschiefen Häusern und eisige Wälder ziehen. Manche klammern sich aneinander oder an einen klaprigen Bollerwagen, andere schwanken vielleicht schon. Kohlfahrt nennt man das. Und natürlich ist Schnaps im Spiel. Die Touren enden meist ange-tüdelt irgendwo in einer Landgaststätte, deren bunte Fenster beschlagen sind und aus deren Türritzen ein deftiger Geruch dringt. Grünkohl und Wurst kann man weit riechen. Man schlägt sich den Bauch voll, um spätestens nach dem dritten Verdauungsschnaps ziemlich redselig zu werden und sich in den Armen zu liegen. Das ist Winter im norddeutschen Westen.

**Klassisches Grünkohlrezept**
(für vier Personen)

1 kg Grünkohl
Pfeffer, Salz, Zucker, Senf
2 Lorbeerblätter
3 Zwiebeln
4 Esslöffel Butterschmalz
400 ml Fleischbrühe
und zusätzliches Wasser
1,2 kg gute Kartoffeln
(z. B. Linda)
6 Kochwürste

Den Grünkohl verlesen und die Blätter vom dicken Strunk befreien. Gründlich waschen. In einem großen Topf mit kochendem Salzwasser nach und nach für ein paar Minuten blanchieren und dann in kaltem Wasser abschrecken. Den Grünkohl anschließend grob hacken.

Die gehackten Zwiebeln in Butterschmalz glasig dünsten, den Kohl sowie den Lorbeer hinzuge-ben, mit Brühe auffüllen und für 1,5 bis 2 Stun-den köcheln lassen. Ab und an Wasser zugeben, so dass der Kohl nicht anbrennt. Die Kochwürste 30 Minuten vor Garende auf den Kohl legen und mitgaren lassen.

In der Zwischenzeit die ungeschälten Kartoffeln weichkochen, abgießen und pellen. In einer Pfanne Butterschmalz erhitzen und die ganzen gepellten Kartof-feln darin anrösten, mit etwas Zucker überstreuen und karamellisieren. Anschlie-ßend salzen und pfeffern.

Die Würste vom Kohl nehmen, den Kohl mit Salz, Pfeffer und etwas Zucker abschmecken und einen kräftigen Löffel Senf unter-rühren. Fertig ist das deftige Gericht. Mahltied!

Auf reise-freunde.com zeigt Angelika, wie schön es ist, die Welt zu entdecken – und die Heimat. Sie hat ein paar Grünkohlrezepte gesammelt, die sogar Grünkohlexperten überraschen.

# Ein Feuerwerk der Geschichten

VON STEFAN KRIEGER

Eigentlich gilt der November nicht als beste Reisezeit für Bremen. Doch ein ganz besonderes Event macht das Schietwetter gekonnt vergessen: mit bunten Geschichten von nah und fern, feuriger Akrobatik und frisch gegrillten Leckerbissen.

Menschen aus über 120 Nationen leben im Stadtteil Gröpelingen. Genau diese Vielfalt wird beim internationalen Erzählfestival *Feuerspuren* zelebriert. Einmal im Jahr werden die Geschäfte der Bremer Lindenhofstraße nämlich zu Showbühnen. Die Erzählkünstlerinnen und -künstler tragen ihre Geschichten oft zweisprachig vor – mal laut, mal leise – aber immer mit Leidenschaft. Im Frisiersalon hören wir eine berührende deutsch-französische Nachkriegsgeschichte, im Waschcenter lachen wir lauthals über das Abenteuer des kleinen, türkischen Küken Civciv. Die großen Lebensfragen werden im Werk- und Experimentierraum Pasdocks gestellt, während in der Stadtbibliothek die Schulklasse 3d rappend in die Vergangenheit ihrer Großeltern reist. Das Erzählfestival gleicht einer Wundertüte.

Wenn die Ohren heiß vom Zuhören sind, gibt es draußen etwas für die Augen: Lodernde Fackeln wirbeln durch den Nachthimmel.

International ist auch das kulinarische Angebot: Der Duft von indonesischem Streetfood, frischer, türkischer Köfte vom Holzkohlegrill, handgemachtem Börek und afrikanischem Soulfood liegt in der kühlen Abendluft. Gebührend verabschiedet wird das Erzählfestival mit einem leuchtenden Lichterumzug zur Weser, wo ein lautes Feuerwerk den Novemberblues vollends vertreibt.

### Essen & Bummeln

Bunt geht es auch im sogenannten **Viertel** zu. Das Szeneviertel beherbergt entlang des Ostertorsteinwegs angesagte Burgerläden, individuelle Boutiquen und hippe Bars.
Straßenbahnlinien 2 und 10, Haltestelle „Sielwall"

Wer am Samstagmorgen gerne über einen Markt schlendert, sollte den **Findorffmarkt** besuchen. Als Bremen-Souvenir empfehle ich die Gewürzmischungen vom Kräuterkutscher.
Neukirchstraße 45

Industriekultur: Im alten Hafenviertel in der Bremer **Überseestadt** kann man zwischen alten Speichern, Kränen und Containern wandeln. In der ehemaligen **Feuerwache** befindet sich ein gutes gleichnamiges Restaurant. Rustikaler, aber auch charmant, geht es im **Hafencasino Trucker Stop** zu.
Straßenbahnlinie 3 bis „Waller Ring"
Beide Lokale befinden sich im Wallerstieg.

### Schlafen

In Bestlage zum kleinen Preis schläft man in der modernen **Jugendherberge** an der Weser.
Kalkstraße 6, bremen.jugendherberge.de

Wer sich eine ganz besondere Übernachtung gönnen möchte, bucht (rechtzeitig) das **Bremer Hochzeitshaus** – vermutlich das kleinste Hotel der Welt. Mitten im historischen Schnoorviertel befindet sich das nur 48 Quadratmeter große, dreistöckige Haus. Im Mittelalter übernachteten hier frisch vermählte Paare vom Land, die im Bremer Dom heirateten.
Wüstestätte 5, hochzeitshaus-bremen.de

### Für Cineasten

Es gibt ein paar feine Programmkinos. Die **Schauburg** im Viertel zeigt seit 1929 ausgewählte Filme. Weitere Programmkinos sind: die **Gondel**, das **City 46** und das **Atlantis** in der historischen Böttcherstraße.
Programm und Adressen:
bremerfilmkunsttheater.de

Das Festival findet jährlich an einem der ersten Novemberwochenenden statt. Termine und Programm unter feuerspuren.de

Das *Feuerspuren*-Erzählfestival am Sonntag ist kostenlos. Samstagabend findet die *Lange Nacht des Erzählens* im Lichthaus statt. Tickets kosten 15 Euro/9 Euro.
Adresse: Lichthaus, Hermann-Prüser-Straße 4
Anfahrt: Straßenbahnlinien 10 und 2 bis „Lindenhofstraße"

# Maximale Liebe

VON SANDRA TIMÁR

Draußen sein, an der frischen Luft. Bei den Wellen und den Möwen. Ich hatte fast schon vergessen, wie schön es an der Ostsee ist. Vor allem im Winter.

Wie sehr ich das mag! Der kühle Wind, der in die Nase und die Ohren zwickt. Immerzu. Auch in die Wangen, die schon ganz rot sind. Das Haar zerzaust. Aber da zieh ich die Mütze drüber. Die wärmt alles wieder auf, während ich die Gedanken auslüfte und neu sortiere. Ich fühle mich lebendig. Hier an der See. Atme die kalte, klare Luft. Schaue auf den endlosen Horizont. Verliere mich darin. Denn nichts nimmt mir die Sicht. Den Strand habe ich fast für mich allein. Laufe wohin und so weit ich will. Hinterlasse Spuren im Sand. Schaue den Wellen zu, die heranrollen, und den Gräsern, die sich auf den Dünen wiegen. Winzige Muscheln und Steinchen verschwinden in meinen Taschen.

Im kleinen Sassnitzer Hafen gönne ich mir ein Fischbrötchen und wärme mich bei einem Heißgetränk auf. Ich beobachte die Möwen, die über den Booten kreisen oder auf der Kaimauer spazieren gehen. Und die Sonne, die sehr romantisch untergeht. Ein bisschen kitschig fast, aber auch wunderschön. Ich möchte nicht gehen, weil ich weiß, dass ich es sofort vermissen werde. Deshalb sauge ich alles in mich auf und nehme es mit nach Hause. Wo ich oft Sehnsucht nach der See habe. Obwohl sie gar nicht so weit weg ist, bin ich viel zu selten hier. Ich sollte wiederkommen. Nächsten Winter.

„In Gedanken besetze ich ein Haus mit Reetdach und überlege, welcher Hund für Strandspaziergänge anzuschaffen wäre. Weil ich am liebsten hier bleiben will."

Sandra Timár, lu-morgenstern.de

Malmö (Schweden): 135 km

O s t s e e

● Kap Arkona
Putgarten
● Vitt

*Schaabe*

Hiddensee

● Victoriasicht

*Nationalpark
Jasmund*

Sassnitz
● Kutterfisch

Ummanz

Rügen

● Prora

Bergen auf Rügen

● Nymphe Strandhotel
Binz ● Strandhotel Binz

*Rasender Roland*

Samtens

Ein Tag am Meer ● Putbus

Göhren

Rostock: 95 km

Danzig (Polen): 500 km

Stralsund

Greifswald

Berlin: 280 km

## Essen

Leckere Fischgerichte sowie guten Fisch von der Theke gibt es bei **Kutterfisch** direkt im Sassnitzer Hafen. Unbedingt die Dorschbuletten probieren.
Hafenstraße 12d, Sassnitz

Der große Hunger lässt sich hervorragend im **Restaurant Fischmarkt im Strandhotel Binz** stillen. Eine gute Gelegenheit, sich endlich mal an die norddeutsche Spezialität Labskaus heranzuwagen.
Strandpromenade 33, Binz

## Schlafen

Das **Nymphe Strandhotel & Apartments**, direkt an der Strandpromenade in Binz gelegen, bietet einen entspannten Aufenthalt. In einer der drei Saunen kann man gut abschalten. Vierbeiner sind ebenfalls willkommen.
Strandpromenade 48, Binz
Doppelzimmer 75 Euro, hotel-nymphe.de

## Entdecken

Im Binzer Ortsteil **Prora** befindet sich das gleichnamige und nur zum Teil fertiggestellte Ostseebad. Es zählt zu einem der größten Bauvorhaben während des Nationalsozialismus und kann im Rahmen von Führungen erkundet werden.
proradok.de

Die historische Schmalspurbahn **Rasender Roland** verkehrt auch in den Wintermonaten mehrmals täglich zwischen Putbus und Göhren. Rügen auf diese Weise zu erkunden, ist nicht nur für Eisenbahnliebhaber ein schönes Erlebnis.
ruegensche-baederbahn.de

## Spaziergänge

Das **Kap Arkona** ist der nördlichste Punkt Rügens und ein Wahrzeichen der Insel. Wer sich am Horizont satt gesehen hat, kann von hier aus eine kleine Wanderung ins historische **Fischerdorf Vitt** machen.

Auf Rügen sein, ohne durch die Buchenwälder im **Nationalpark Jasmund** zu streifen und die **Kreidefelsen** zu sehen, ist undenkbar. Einen tollen Ausblick auf den berühmten Königsstuhl bietet die **Victoriasicht**. Über viele Holzstufen führt der Weg von hier aus hinunter zum Strand.

Bei **Schaabe** grenzt ein Wald an den Strand – perfekt für einen Wald-Strand-Spaziergang.

## Kunst in Putbus

In der kleinen Schauwerkstatt **Ein Tag am Meer** werden aus Treibholz und Strandgut kleine Kunstwerke kreiert – wunderbare Souvenirs!
Alleestraße 7, Putbus
Montag bis Freitag 10-16 Uhr,
Donnerstag bis 18 Uhr

Rügen ist über zwei Brücken mit dem Festland bei Stralsund verbunden. Seit 1937 existiert der Rügendamm, 2007 wurde die Rügenbrücke, Deutschlands größte Schrägseilbrücke, eröffnet.

Sandra lebt in Berlin und ist am glücklichsten, wenn sie reisen kann. Auf ihrem Reiseblog lu-morgenstern.de schreibt sie Geschichten über Menschen und Orte.

# Steife Brise und warme Stube

VON ANNE STEINBACH UND CLEMENS SEHI

Leise raschelt das Geäst auf den Dünen. Die steife Brise lässt die Ohren langsam rot werden, das Kinn ist kalt. Zeit für ein paar kuschelige Stunden im hohen Norden auf der Ostseeinsel Usedom.

Sie ist weder groß noch klein. Weder lang noch kurz. Eigentlich ist sie eine ganz normale Brücke: knallblau, ein bisschen rostig und gut befahren. Aber sie ist auch die Zufahrt zu einem zauberhaften Ort.

Berlin haben wir vor knapp zweieinhalb Stunden hinter uns gelassen. Der Trubel und die vielen Menschen sind schon nach wenigen Metern auf der Brücke in Vergessenheit geraten. Wie so oft in den Wintermonaten ist die See rechts und links von uns rau und dunkel. Jetzt, zu einer Zeit, in der weniger Touristen kommen und die Bordsteine schon um 14 Uhr hochgeklappt sind, liegt die Insel im tiefen Winterschlaf. Die Fensterläden in den ersten Örtchen kurz hinter der Brücke sind hell erleuchtet. Vereinzelt stehen Weihnachtsmänner in den Vorgärten. Die Schornsteine zeichnen Rauchsäulen in die kalte Dezemberluft.

Dick eingemummelt machen wir uns auf den Weg zum Strand. Der ist wie leer gefegt vom starken, kalten Wind. Der Sand ist so hart, dass wir kaum einsinken. Dann gehen wir ganz vorne auf die Seebrücke, wo wir so lange dem eisigen Wind trotzen, bis unsere Nasenspitzen knallrot sind und die Wangen so stark eingefroren, dass wir kaum noch sprechen können.

„Wir spazieren zurück, entlang hell erleuchteter Wohnzimmer. Für uns geht es dorthin, wo die Wintergemütlichkeit am allerschönsten ist: in der warmen Stube am Kamin."

Anne Steinbach und Clemens Sehi, travellersarchive.de

Malmö (Schweden): 180 km

Ostsee

Imbiss am Fischerstrand ● ● Pier 14
Zinnowitz
● Taun Fischer un sin Fru
Zempin

Wolgast

Lütow
● Gnitzer Seelchen

Achterwasser

● Café Knatter
Ückeritz

Bansin
Strandhotel
Ostseeblick
Heringsdorf ●
● Winterstrandkorbfest
Ahlbeck

Swinemünde

Usedom

Polen

Stettiner Haff

Rostock: 115 km

Danzig (Polen): 280 km

Berlin: 140 km

### Schlafen

Neben der Ostsee hat die Insel Usedom auch noch ein anderes Gewässer, das nicht nur ein toller Ausflugsort ist, sondern mit Abstand die besten Sonnen-untergänge der ganzen Insel bietet: das Achterwasser. Von außen sieht das **Café Knatter** wie ein Bootshaus aus. Versteckt im hinteren Bereich verbergen sich hier neun moderne und total gemütlich eingerichtete Zimmer. Kann es einen besseren Start in den Tag geben, als mit dem Blick auf Wasser?
Hauptstraße 36, Ückeritz
Doppelzimmer ab 94 Euro, cafe-knatter.de

### Erholen

Nur einen Hüpfer vom Strand entfernt liegt das **Strandhotel Ostseeblick** im Kaiserbad He-ringsdorf. Hinter der hübschen bädertypischen Fassade ver-steckt sich ein tolles Spa, nicht nur für Hotelgäste. Wie wäre es mit einem Strandspaziergang und der Belohnung im Spa danach?
Kulmstraße 28, Heringsdorf
Spa: Tageskarte 25 Euro
strandhotel-ostseeblick.de

### Warme Stuben

Am Ende der Straße nach Lütow im Nordosten ist nichts, scheint es. Bis dann der qualmende Schornstein des Backstein-hauses erscheint. Hier findet man das **Gnitzer Seelchen** – ein kleines Café, das Lust auf heiße Schoki und Kuchen macht. Das Holz knistert im Kamin, der Raum riecht nach frisch Geba-ckenem und die Atmosphäre ist so kuschelig, dass man sich fast ärgert, die Hausschuhe nicht eingesteckt zu haben.
Zinnowitzer Straße 2, Lütow
gnitzer-seelchen.de

Das **Pier 14** liegt mitten im ro-mantischen Örtchen Zinnowitz. Im Inneren versteckt sich ein liebevoll eingerichtetes Café und Restaurant. Tipp: Unbedingt die Toiletten anschauen.
Neue Strandstraße 36, Zinnowitz

Seit wir denken können, gibt es den **Imbiss am Fischerstrand** zwischen Radweg und Strand in Zinnowitz. Früher nur eine kleine Bude, ist er heute ein ganzer Biergarten mit festem Haus. Eines ist aber wie eh und je: Hier gibt es die allerleckersten Fischbrötchen.
Strandpromenade Zinnowitz

Die kleine Fischstube **Taun Fischer un sin Fru** in Zempin ist noch genau so, wie die ganze Insel wohl vor etlichen Jahren war, als die Männer frühmorgens zum Fischen rausfuhren.
Waldstraße 11, Zempin
täglich 11-14 und 17-21 Uhr
taunfischerunsinfruzempin.cafelists.com

### Erleben

Am vierten Januarwochenende findet das **Winterstrandkorb-fest** statt, dann werden etliche Strandkörbe möglichst schnell von A nach B getragen. Bewer-ben kann man sich online.
winterstrandkorbfest.de

Im Februar findet das **Winter-badespektakel** statt: Menschen hüpfen in lustigen Verkleidun-gen in die Fluten.
Termine: kaiserbaeder-auf-usedom.de

Das **nördlichste Schlittenhunde-rennen Deutschlands** findet meist im März in den Kaiser-bädern Heringsdorf, Ahlbeck und Bansin statt. Dann sprinten hunderte von Huskys durch den kühlen Sand der drei Strände. Aufgewärmt wird sich dabei am Biikefeuer.
balticlights.de

Usedom ist die sonnen-reichste Region Deutsch-lands mit durchschnittlich 1906 Sonnenstunden pro Jahr.

Kurtaxe je nach Saison und Ort 1-3 Euro.

Usedom ist mit dem Fest-land über die Peenebrücke Wolgast und die Zeche-riner Brücke verbunden. Die Brückenöffnungs-zeiten findet man unter usedom.de/anreise-auto. Die Insel ist auch mit der Regionalbahn erreichbar.

Anne und Clemens sind das Team hinter dem zweisprachigen Reiseblog travellersarchive.de. Als Werbetexter und Journalisten sind sie immer auf der Suche nach den unbereisten Ecken dieser Welt.

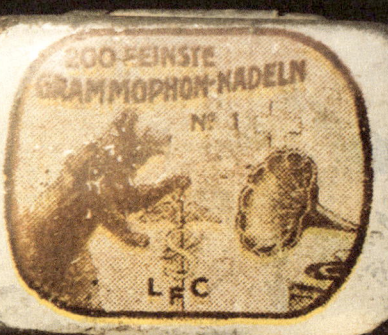

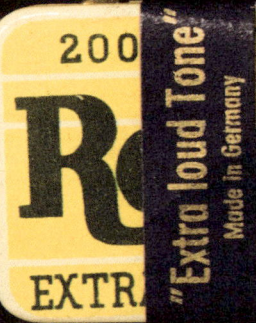

Historische Schallplattennadeln in Rudis Rundfunk- und Maler-Museum

# Bemerkenswerte Museen

### Rudis Rundfunk- und Maler-Museum in Papenburg

Von den allerersten Anfängen der Grammofongeräte über ausgefeilte Plattenspielerschränke, von frühen Radioempfängern bis zu absoluten Designklassikern: Rudi Evers erklärt mit viel Leidenschaft die Geschichten und Funktionsweisen der Geräte und weckt auch bei Nicht-Technik-Nerds echte Begeisterung.

Am Stadion 1b, Papenburg
Das Museum öffnet auf Anfrage (r.evers@ruma.de)
Eintritt frei

### Weihnachtshaus in Husum

In einem Gründerzeithaus in der Husumer Altstadt wurde dieses privat geführte Museum 2008 eröffnet. Es befasst sich mit der Kulturgeschichte der Weihnachtszeit. Im Erdgeschoss befindet sich ein historischer Laden, in dem ausgewählte Artikel aus überwiegend deutscher Handarbeit zum Thema Weihnachten angeboten werden.

Westerende 46, Husum, täglich 11–17 Uhr
3 Euro/1 Euro, weihnachtshaus.info

### Emil-Nolde-Museum in Seebüll

Kurz vor der dänischen Grenze wohnte einst Emil Nolde. Heute ist sein früheres Wohn- und Atelierhaus, das der Künstler 1927 selbst entwarf, ein fein kuratiertes Museum. Etwas verwundert über den modern wirkenden Backsteinbau kann man ruhig sein, Nolde wählte ihn als Kontrast zu den alten, reetgedeckten Häusern der Umgebung und legte einen eindrucksvollen Garten an.

Seebüll 31, Neukirchen, 1. März bis 30. November: täglich von 10–18 Uhr, 8 Euro/3 Euro
nolde-stiftung.de

### PS-Speicher in Einbeck

Seit über 130 Jahren bewegen sich Menschen auf Rädern. Der PS-Speicher zeigt als Erlebnisausstellung, in welchen wirtschaftlichen, politischen und gesellschaftlichen Verhältnissen sich die individuelle Motorisierung entwickelte. Über 400 Fahrzeuge werden im ehemaligen Kornhaus ausgestellt und aufwendig szenisch eingebettet. Eine Straßenszene der 20er, die Milchbar aus den 50ern oder eine Disco aus den 70ern nehmen den Besucher mit auf eine kleine Zeitreise. Nicht nur für Autofans spannend!

Tiedexer Tor 3, Einbeck
Dienstag bis Sonntag 10–18 Uhr, Donnerstag bis 21 Uhr, Eintritt inkl. Audioguide: 12,50 Euro/7,50 Euro
ps-speicher.de

### Hamburger Schulmuseum

In einem alten Schulgebäude unweit der Reeperbahn bietet dieses Museum ungewöhnliche Einblicke in die Hamburgische Schulgeschichte des Deutschen Kaiserreichs und Nationalsozialismus. Als historisches Rollenspiel *Unterricht im Kaiserreich* wird der Museumsbesuch für Schulklassen zum erlebbaren Theaterstück mit passender Requisite wie alten Schuluniformen und Schiefertäfelchen.

Seilerstraße 42, Hamburg
Montag bis Freitag 10–16 Uhr, 3 Euro/1 Euro
hamburger-schulmuseum.de

### Roemer- und Pelizaeus-Museum in Hildesheim

Der Gründer Hermann Roemer hatte 1844 folgenden Gedanken: „Für alle Menschen sollte die Welt in Vitrinen sichtbar sein und die Möglichkeit zur Weltreise direkt vor der Haustür geben." Bis heute fungiert das RPM in Hildesheim als *Weltmuseum* mit den Schwerpunkten: Naturkunde, Völkerkunde, Stadtgeschichte und einer bedeutenden Sammlung altägyptischer Kulturdenkmäler, insbesondere aus dem Zeitalter der großen Pyramiden.

Am Steine 1-2, Hildesheim
Dienstag bis Sonntag 10–18 Uhr, 10 Euro/8 Euro
rpmuseum.de

# Weihnachtsmärkte

### Der längste Adventskalender in Tönning

Das Eiderkanal-Packhaus am Tönninger Hafen verwandelt sich jährlich in den mit 77,5 Meter längsten Adventskalender der Welt. Täglich wird ein Türchen geöffnet, Programmpunkte wie Lesungen, ein Streichelzoo, Basteln und Weihnachtslieder verbergen sich dahinter, an den Wochenenden ist Weihnachtsmarkt.

weihnachtsereignis.de

### Der Winterbasar der Hanseatischen Materialverwaltung in Hamburg

Jedes Jahr wird an einem Dezembertag der Fundus (gebrauchte Möbel, Requisiten und Bühnenbilder) zum Flohmarkt mit einem ausgewählten Angebot an Speisen, Musik und dem besten Glühwein der Stadt.

Stockmeyerstraße 41-43, Hamburg, 3 Euro

hanseatische-materialverwaltung.de

### Vergnügungspark in Rostock

Der Rostocker Weihnachtsmarkt vereint einen klassischen Weihnachtsmarkt vor historischer Kulisse mit einem Vergnügungspark: Riesenrad, Krake, Powertower nebst Glühwein- und Bratwurstständen. Durch Rostocks traditionelle Handelsverbindungen als Hansestadt finden sich auf dem riesigen Weihnachtsmarkt auch Händler aus Schweden, Finnland und dem Baltikum.

### Hummerbuden-Zauber auf Helgoland

Die kleinen, farbenfrohen Hummerbuden am Binnenhafen der kleinen Insel dienten nach dem Zweiten Weltkrieg als Schuppen und Werkstätten der Fischer. In den 90er Jahren wurden die Holzhütten restauriert und beherbergen heute Galerien, Kneipen, Cafés und Souvenirläden. An Adventswochenenden leuchten die Hummerbuden in weihnachtlichem Glanz.

Am 2. und 3. Adventswochenende, helgoland.de

### Adventsstimmung in Flensburg

Etwas abseits des lebhaften Weihnachtsmarktes der Flensburger Altstadt liegt die Rote Straße mit einigen erhaltenen historischen Hinterhöfen. Zur Weihnachtszeit herrscht dort dänisches Flair, auch mit stimmungsvollen Fensterkonzerten.

Rote Straße, Flensburg, rotestrasse.de

### Gut Bossee bei Kiel

Fernab jeglichen Weihnachtswahns kann man in der Scheune des alten Guts bei Kiel handverlesenes Kunsthandwerk erwerben, mit einer Kutsche in den Wald fahren, um selber Weihnachtsbäume zu schlagen, Köstliches vom Wild genießen und direkt den Weihnachtsbraten aus dem Wild-Hofladen einkaufen.

Gut Bossee 3, Westensee, Termine auf bossee.de

### Finnisches Weihnachtsdorf in Hannover

Finnland ist traditionell zur Adventszeit auf dem Ballhofplatz zu Gast und präsentiert ein skandinavisches Weihnachtserlebnis mit Traditionen aus dem Heimatland von Santa Claus. In Lappenzelten kann man am Lagerfeuer Flammlachs genießen.

Ballhofplatz, Hannover

### Bremer Weihnachtsmärkte

Es duftet nach Met, Gegrilltem und frisch gebackenem Brot an der Weserpromenade, wo der mittelalterliche Weihnachtsmarkt *Schlachte-Zauber* ein Fest für Auge und Gaumen ist. Alternativer geht es beim gemütlichen *Lichter der Neustadt-Weihnachtsmarkt* zu: Zum Glühwein gibt's ein buntes Kulturprogramm aus Lesungen, Theater- und Musikvorstellungen.

Schlachte-Zauber: Weserpromenade Schlachte, Bremen, schlachte-zauber.de

Lichter der Neustadt: Friedrich-Ebert-Straße 1-9, Bremen, lichterderneustadt.de

# Badespaß und Wellness

### Dünen-Therme St. Peter-Ording
Geht es noch entspannter, als nach einem Saunagang am Kamin zu ruhen und dabei den Blick auf die raue Nordsee sowie die weich geschwungenen Dünen zu richten? Genau das erwartet euch in St. Peter-Ording. Um Meerwasser auf der Haut zu spüren, reicht ein Gang in den Dünengarten: Der Nordsee-Wasserfall sorgt für einen Frischekick. Warmduscher entspannen im Meerwasser-Whirlpool oder dem warmen Außenbecken.
Maleens Knoll 2, St. Peter-Ording
Tageskarte Erlebnisbad: 13,50 Euro, mit Sauna 20 Euro
st-peter-ording.de/duenentherme

### Holstentherme bei Hamburg
Etwa 40 Kilometer nördlich von Hamburg befindet sich die Karibik. Also, fast. Bei 32 Grad Luft- und Wassertemperatur plantschen Groß und Klein vergnügt in der Lagune. Für kleine Wasserratten gibt es ein Piratenschiff mit Wasserkanone, während sich die Pirateneltern im karibischen Wintergarten erholen. Highlight für Saunafans: die Weltreise-Saunalandschaft.
Norderstraße 8, Kaltenkirchen
Tageskarte Erlebnisbad 15 Euro, holstentherme.de

### Grafttherme in Delmenhorst
In der Eventsauna finden regelmäßig Thementage mit passenden kulinarischen Köstlichkeiten statt. Wannenliebhaber aufgepasst: Im mittelalterlichen Badezuber entspannt man bei wohligen 40 Grad im Freien, während eine zünftige Brotzeit inklusive Bier kredenzt wird. Im Erlebnisbad der Grafttherme gibt es neben einem Strömungskanal und einer Black-Hole-Rutsche auch Veranstaltungen für Kinder. Highlight: der Meerjungfrauenworkshop.
Am Stadtbad 2, Delmenhorst
Tageskarte Erlebnisbad 10 Euro, mit Sauna 21,50 Euro, Meerjungfrauenworkshop 120 Minuten (inkl. Kostüm und Fotoshooting) 59 Euro, grafttherme.de

### Carpesol in Bad Rothenfelde
Hier trifft römische Badekultur auf irische Heißluftbäder und Bad Rothenfelder Natursole: Für die ultimative Entspannung durchläuft man die zehn Stationen des römisch-irischen Baderituals. Die Klangschalenmeditation im Warmluftbad soll sogar die Produktion von Glückshormonen anregen. Weiteres Highlight: Von der Dachterrasse der Saunen kann man die Höhenzüge des Teutoburger Waldes sehen. Regelmäßig bietet das Carpesol auch Veranstaltungen wie Duftmeditation oder spezielle Damentage an.
Frankfurter Straße 15, Bad Rothenfelde
Tageskarte Therme, Sauna und Spa 25,90 Euro
carpesol.de

### Olantis Huntebad in Oldenburg
*Klappe, und Action!* heißt es im Olantis Erlebnisbad. Bei einem Maximalgefälle von 78,7 Prozent saust man mit bis zu 50 km/h die 44 Meter lange Turborutsche hinunter. Das Familienbad hat neben dem Erlebnis- und Kleinkindbecken auch eine Saunawelt. Samstags verwandelt sich das 70 Grad mollig-warme Sanarium in eine Familiensauna.
Am Schlossgarten 15, Oldenburg
Tageskarte Erlebnisbad 8 Euro, mit Sauna 21 Euro
olantis.com

### Wonnemar Wismar
Im Wonnemar gibt es einen Rutschentower mit sechs verschiedenen Rutschen. Im Crazy River und auf der Rafting Slide kommen Reifen zum Einsatz, während die Turbo- und Kamikazerutschen nur was für echte Adrenalinfans sind. Fast wie im Meer fühlt man sich im Wellenbecken, im tropischen Palmengarten wird das Urlaubsfeeling perfekt. Außerdem gibt es einen Thermal- und Saunabereich.
Bürgermeister-Haupt-Straße 38, Wismar
Tageskarte 15,90 Euro, mit Saunawelt 20,90 Euro
wonnemar.de/wismar

# im Osten

BRANDENBURG
BERLIN
SACHSEN-ANHALT
SACHSEN
THÜRINGEN

Im Osten Deutschlands zeigt sich die Magie des Winters: Vorbei an schneebedeckten Tannen tuckert die Dampflok durch den Harz und märchenhafte Melodien hallen durch das Schloss Moritzburg. Mit dem Kajak durchqueren wir den mystischen Spreewald und tauchen auf einer rasanten Huskytour tief in Brandenburgs Wälder ein. Dann entdecken wir alte Traditionen neu: Wir backen Brot, werden kreativ in Leipzig und bewundern die Kunst des Instrumentenbaus im Vogtland.

# Osten

Hannover

SACHSEN

Magdeburg

ANHALT

Schmalspurbahn
zum Brocken
im Harz

• Quedlinburg

Wandern im
Südharz

Maya Mare
Halle

Kassel

THÜRINGEN

Erfurt

Saalemaxx
Rudolstadt

Thüringer
Wald

Modemuseum
Schloss Meyenburg

Husky-Schlittentour
Neuruppin

Naturtherme
Templin

Altenhof am Werbellinsee

Theater am Rand

BRANDENBURG

Berlin

Buckow in der
Märkischen Schweiz

Museum Barberini
Potsdam

Frankfurt
(Oder)

Satama Saunapark
am Scharmützelsee

Tropical Islands

Spreewald

Cottbus

Leipzig

SACHSEN

Moritzburg

Dresden

Elbsandsteingebirge

Chemnitz

Toskana Therme
Bad Schandau

Musikwinkel
im Vogtland

# Eine Bühne im Nirgendwo

VON TAINA NIEDERWIPPER

Während die Spatzen aufgeplustert in den kahlen Hagebuttensträuchern sitzen, wärmen wir uns drinnen am gusseisernen Ofen – und lauschen Wintergeschichten. An einem Ort, den nur noch die Oder von Polen trennt, sind wir zu Besuch in einem Kleinod für Theaterfans.

An einem kalten Dezembertag brechen wir mit dem Auto Richtung Osten auf. Unser Ziel: das Theater am Rand, das nicht nur wegen seiner Lage zu einem der ungewöhnlichsten Off-Theater Deutschlands gehört. 200 Meter von der polnischen Grenze entfernt, im Örtchen Zollbrücke, warten nicht mehr als ein halbes Dutzend Häuser und ebenso viele Storchennester auf uns. Aus der kargen Landschaft des Oderbruchs ragt der rundliche Theaterbau wie ein Leuchtturm empor.

Gegründet wurde das Theater vom Akkordeonisten Tobias Morgenstern und dem Schauspieler Thomas Rühmann. Anfangs spielten sie in Morgensterns Wohnzimmer, im Fachwerkhaus gleich nebenan. Zwanzig Jahre später sitzen wir in einem Theaterbau, der einer übergroßen Blockhütte gleicht. Um den Winterwind draußen zu halten, steckt Schafwolle in den Ritzen der Holzwände. Für ein paar Stunden verwandelt sich das Theater in ein verschneites Berghotel. In einer schwungvollen, leicht übermütigen Revue sinnieren und singen die wenigen Hotelgäste über das Leben und die Liebe – witzig, charmant und von schauspielerisch wie musikalisch hoher Qualität. In der Pause gibt es draußen, unter mit Lichterketten geschmückten alten Weiden, heißen Glühwein.

„Als an diesem Nachmittag der Vorhang fällt, sind wir uns einig: So facettenreich wurden wir noch nie auf die Adventszeit eingestimmt."

Taina Niederwipper, vergoldetezeit.de

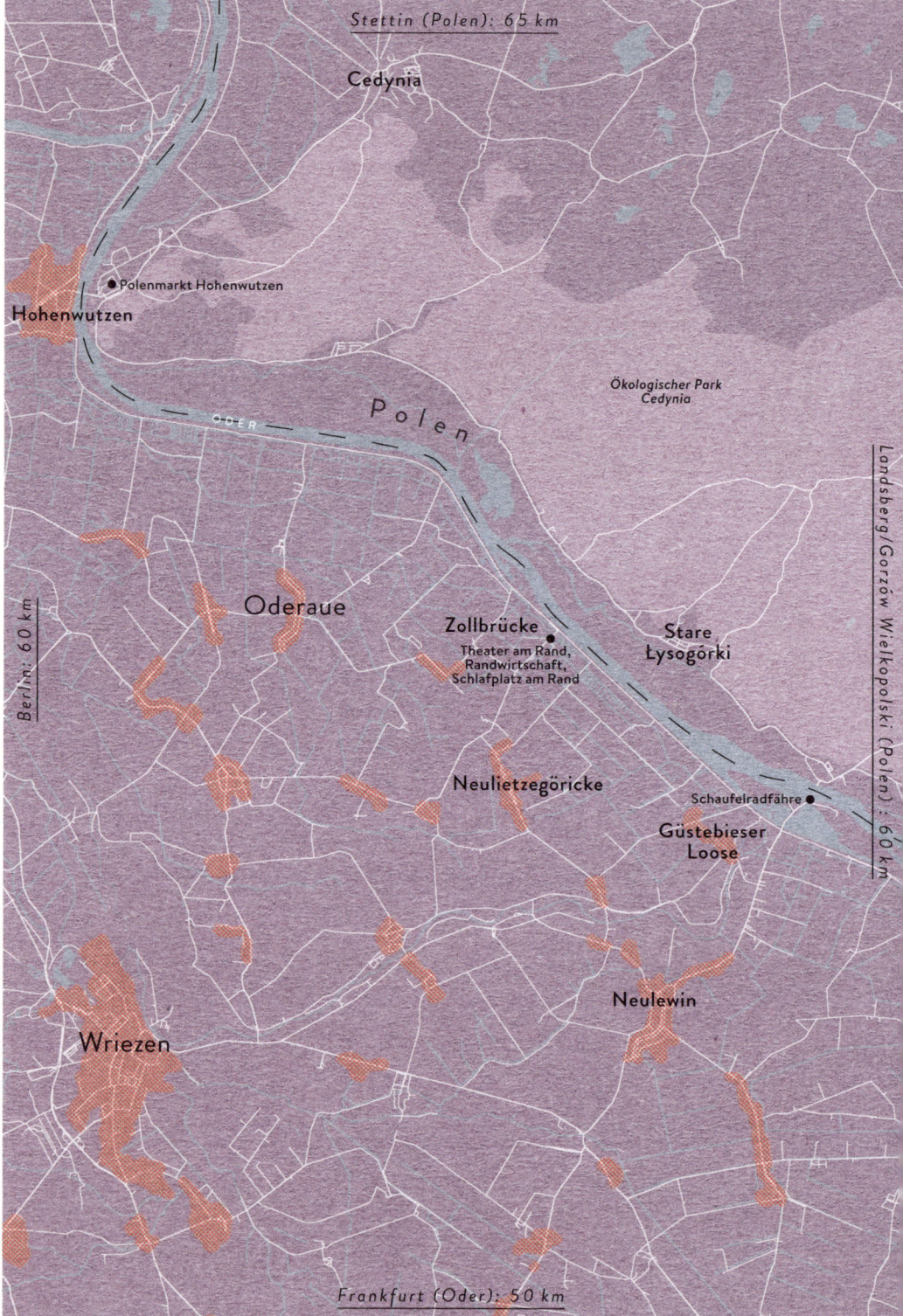

Stettin (Polen): 65 km

Cedynia

Polenmarkt Hohenwutzen

Hohenwutzen

Ökologischer Park
Cedynia

P o l e n

ODER

Berlin: 60 km

Oderaue

Zollbrücke
Theater am Rand,
Randwirtschaft,
Schlafplatz am Rand

Stare
Łysogórki

Landsberg/Gorzów Wielkopolski (Polen): 60 km

Neulietzegöricke

Schaufelradfähre

Güstebieser
Loose

Neulewin

Wriezen

Frankfurt (Oder): 50 km

### Familienvorstellungen

Es gibt Aufführungen **speziell für Kinder**. Der jeweils aktuelle Spielplan, der dreimal jährlich erscheint, ist online einsehbar oder kann per E-Mail abonniert werden.

Theater am Rand, Zollbrücke 16, Oderaue, theateramrand.de

### Essen

Direkt neben dem Theater gibt es die **Randwirtschaft**, die ebenso gut ins hippe Berlin-Neukölln passen würde. An allen Spieltagen – ob vor oder nach der Vorstellung – gibt es kreative Küche mit regionalem Bezug. Der hohe Lehmbau setzt, wie das Theater, auf viel warmes Holz und Gemütlichkeit.

randwirtschaft.de

### Schlafen

Die Gastgebervermittlung **Schlafplatz am Rand** stellt Kontakt zu privaten Unterkünften her, so dass man das Oderbruch mehr als nur einen Tag lang genießen kann – zum Beispiel in Kombination mit einem Abstecher über den Fluss nach Polen.

theateramrand.de

### In der Nähe

Auch Zollbrückes Nachbarort **Neulietzegöricke** ist sehenswert: Im ältesten Kolonistendorf des Oderbruchs reiht sich ein malerisches Fachwerkhaus an das andere.

Über die Oder schaut man direkt nach Polen. Hinüber geht es mit der **Schaufelradfähre** in Güstebieser Loose, rund zehn Kilometer von Zollbrücke entfernt.

Auf dem **Polenmarkt Hohenwutzen** kann man allerlei Schnäppchen erstehen, tägliche Shuttlebusse fahren ab Berlin-Marzahn (5 Euro).

Es gibt keine festen Preise: Man zahlt, was einem der Besuch wert ist.

Anreise mit dem Auto. Es gibt keine Anbindung an öffentliche Verkehrsmittel.

Taina bloggt über Themen, die sie bewegen, und Orte, die man nicht im Reiseführer findet: vergoldetezeit.de

# Wilde Fahrt

VON STEVEN HILLE

Eisige Temperaturen unter null Grad. Aber kein Schnee. So sehen in Brandenburg viele Winter aus. Gut, dass heute zumindest mein Winterfeeling an Fahrt aufnimmt.

Meine Hände zittern vor Kälte. Und ein bisschen vor Aufregung, denn davon liegt auf der Huskyfarm jede Menge in der Luft. Über zwanzig Siberian Huskies bellen vor dem Antritt der Hundeschlittentour um die Wette. Einer hektischer und lauter als der andere. Die Vorfreude ist grenzenlos und steht den Tieren förmlich ins Gesicht geschrieben. Elmar spannt Marjak, das kräftigste Tier des Rudels, vor meinen Wagen. Drei weitere Huskys folgen. Würde ich nicht mit beiden Händen und einem Fuß auf der Bremse stehen, wäre ich schon über alle Berge. Die vier Huskys meines Gespanns zerren am Schlitten und versuchen, mich zum Start zu überreden. Dann ist es soweit. Ich löse die Bremsen, und ab geht die wilde Fahrt durch das Ruppiner Wald- und Seengebiet. Erst nach den ersten hundert Metern über den vereisten Boden merke ich, dass es plötzlich ganz still geworden ist. Kein Bellen, kein Jaulen mehr. Die Tiere sind nun in ihrem Element. Im kraftvollen Gleichschritt führen sie mich durch den Wald. Mit sanfter Stimme und Lob versuche ich, sie zu beruhigen. Doch die Bande lässt sich von nichts aufhalten. Ungebremst führt unsere Hundeschlittentour über Wiesen und Wurzeln, vorbei an Bäumen und Büschen.

### Schlafen

30 Kilometer von der Huskyfarm entfernt gibt es kurz vor
Mecklenburg-Vorpommern ein
Hafendorf. Die **Marina Wolfsbruch** ist modern ausgestattet
und ermöglicht dank Spa- und
Wellnesscenter Entspannung
nach einem Tag mit den Huskys.
Wolfsbruch 3, Rheinsberg-Kleinzerlang

### Essen

In Kunsterspring gibt es eine
**Forellen- und Saiblingzucht.**
Dort kann man hervorragende
Fischbrötchen direkt auf die

Hand bekommen oder geräu-
cherte Forellen, Aale und Elsässer
Saiblinge mitnehmen.
Kunsterspring 5, Neuruppin
Mittwoch bis Sonntag 10-17.30 Uhr

### Erleben

In Anlehnung an die schwedische
Tradition des vorweihnachtlichen
Luciafestes organisieren die
Besitzer der Huskyfarm Elmar
und Sabine im Advent gemütliche
**Lichterwanderungen,** die bei
Waffeln und Apfelpunsch ihren
Ausklang finden.

Freizeit mit Huskies
Dorfstraße 44
Storbeck-Frankendorf

Hundeschlittenkurs
*Hälla* (2,5 Stunden,
152 Euro)
Husky-Wanderung
*Drei-Wälder-Tour*
(4 Stunden, 72 Euro)
Husky-Familienwan-
derung (2,5 Stunden,
31 Euro)
Weitere Angebote auf
freizeit-mit-huskies.de

### Anreise

Mit dem Zug ab
Berlin-Spandau per
Regionalexpress bis
Neuruppin. Einge-
schränkter Busver-
kehr bis Frankendorf.
Alternativ weiter mit
dem Taxi (ca. 26 Euro).
Ein kostenpflichtiger
Abholservice kann
organisiert werden.

# Magischer Wasserwald

VON INKA CHALL

Stille. Nur leises Gluckern hier und dort, wo das Wasser sich unter dem Eis verfängt. Das ist der Zauber des Spreewaldes.

Das Paddel taucht in das seltsam türkisfarbene Wasser, der Bug des Kajaks zerschneidet in der Vorwärtsbewegung den spiegelglatten Kanal. Rechts und links am Ufer federn Eisschollen auf und ab und das Winterlicht glitzert auf der Wasseroberfläche. Die Strömung der Spree gibt uns einen ordentlichen Schwung. Und ab und an: Innehalten, lauschen. Ein paar kleine Vögel tschilpen im Busch, das Klopfen eines Spechts ist zu hören. Niemand außer uns ist hier im Spreewald.

„Fahrt im Winter", haben sie gesagt. Der Sommer sei total überlaufen, aber der Winter herrlich. Und es stimmt. Nach der Paddeltour haben wir noch nicht genug und erlaufen uns den Spreewald zu Fuß. Über viele kleine Brücken und gefrorenen Boden geht es entlang der Kanäle, die einst, so heißt es, von den wild gewordenen Ochsen des Teufels erschaffen wurden.

Der Himmel hat sich zugezogen und die knorrigen Bäume scheinen sich über den Kanälen zu verneigen. Bei diesem Anblick verstehe ich, wie es zu den vielen Sagen im Spreewald kam, denn diese mystische Stimmung ist wohl kaum besser zu erklären als mit einer guten Geschichte. Der Boden knirscht unter unseren Schritten, die uns jetzt wieder zum Hotel zurückführen. Wir werden uns in der Sauna aufwärmen, wunderbar essen und anschließend schlafen. Und morgen ziehen wir ganz sicher wieder los.

„Der sommerliche Spreewald ist schön.
Der Spreewald im Winter aber ist mystisch."

Inka Chall, blickgewinkelt.de

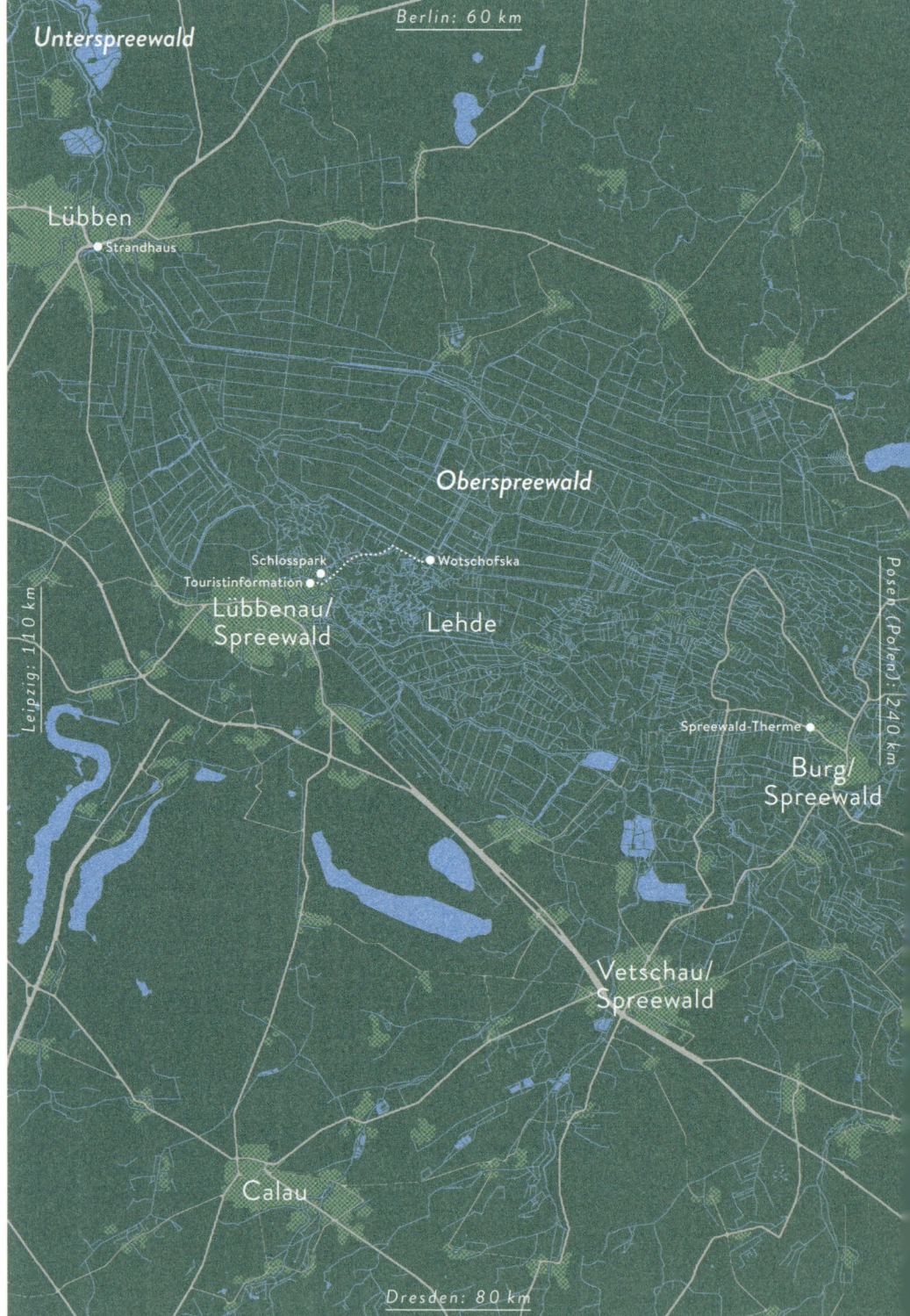

Unterspreewald

Berlin: 60 km

Lübben
● Strandhaus

Oberspreewald

Schlosspark
Touristinformation ●·····●········● Wotschofska

Lübbenau/
Spreewald

Lehde

Leipzig: 110 km

Spreewald-Therme ●

Burg/
Spreewald

Posen (Polen): 240 km

Vetschau/
Spreewald

Calau

Dresden: 80 km

### Essen & Schlafen

Im wunderschönen **Strandhaus** in Lübben kann man nicht nur nächtigen, sondern sich hervorragend im hauseigenen Spa direkt nach der kalten Kajaktour verwöhnen lassen. Das vorzügliche Frühstück ist inklusive.

In Lübben gibt es im Winter keine Auswahl und das beste Essen weit und breit bekommt man ohnehin im **Strandhaus** – wie praktisch. Die sehr gute Küche bietet einen schönen modernen und lokalen Mix. Unbedingt das hauseigene Brot probieren!
Ernst-von-Houwald-Damm 16, Lübben
Doppelzimmer ab 128 Euro
strandhaus-spreewald.de

### Erholen

Die neuen **Wellness-Würfel** im Garten des **Strandhauses** machen das Saunaerlebnis umso schöner: Die hübschen Entspannungs-Minihäuser mit Blick auf die Spree, inmitten von immergrünen Bambussträuchern, laden zur Ganztagserholung ein.
strandhaus-spreewald.de

Wer sich dann doch noch aufraffen möchte: In Burg gibt es die ausgezeichnete **Spreewald-Therme** (nicht zu verwechseln mit dem Spaßbad Spreewelten in Lübbenau).
Ringchaussee 152, Burg
spreewald-therme.de

### Kajaktouren

Für Ungeübte gibt es eine kleine Kajaktour (ca. 90 Minuten) durch den Unterspreewald nach Süden auf der Hauptspree. Durch einen kleinen Verbindungskanal geht es zum Lübbener Kanal und wieder zurück. Zum Abschluss unbedingt einmal durch die Stadt paddeln. Gen Norden wird es ursprünglicher und etwas anspruchsvoller.
Wer den Oberspreewald bevorzugt (der ist ein bisschen romantischer), startet von Lübbenau oder besser noch gleich von Burg. Hier verzweigen sich die Kanäle am meisten.

### Nicht verpassen

Wer keine Lust auf selbst Paddeln hat, kann sich auf einem der alten Kähne auf eine **Glühweinfahrt** mitnehmen lassen. Auf der kurzweiligen Runde erzählt der Fährmann so manch interessante Geschichte.
Ca. 10 Euro pro Stunde
spreewald.de/winterkahnfahrten

### Wenn alles zugefroren ist

Sollten die Kanäle dicht sein, ist das auch kein Manko, dann geht man Schlittschuhlaufen, wie es die Spreewälder ebenfalls tun. Außerdem ist der Spreewald zu Fuß fast genauso schön erkundet. Eine tolle Wanderung geht vom Schlosspark Lübbenau zur **Wotschofska**, einer uralten Gaststätte im Oberspreewald. Der Weg ist ausgeschildert und dauert zwei bis drei Stunden hin und zurück. Bitte beachten: Die Gaststätte hat im Winter geschlossen. Gutes Schuhprofil erforderlich, im Winter wird hier nicht gestreut!
luebbenau-spreewald.com/page/de/natur-erleben/wandern/wotschofskawanderung.php

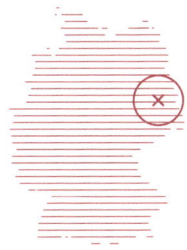

Der Spreewald wird in den südlichen und größeren Oberspreewald und den nördlichen, kleineren Unterspreewald geteilt. Zwischen den beiden Teillandschaften vereinigt sich die Spree auf kurzer Strecke in der Stadt Lübben.

Mit dem Zug RE 2 in einer Stunde von Berlin Hauptbahnhof nach Lübben oder ein paar Minuten weiter nach Lübbenau. Nach Burg geht es von Lübben mit dem Bus. Lehde erreicht man nur zu Fuß, mit dem Fahrrad oder mit dem Boot.

Inka bereist gerne die weite Welt und liebt es, Brandenburg zu entdecken. Über ihre kleinen und großen Reisen berichtet sie auf ihrem Blog blickgewinkelt.de und als Buchautorin.

# Werke im Wunderland

VON JAN DIMOG

Psychedelische Wendeltreppen von Stardesignern, ein Monumentaltheater und ein Kraftwerksbau, der beeindruckt – die Architektur der Lausitzstadt reicht vom Jugendstil über Expressionismus bis zu spektakulären Neubauten.

## Der Weltspiegel

Als Filmfan fängt mein architektonischer Spaziergang mit einem Kleinod der Kinogeschichte an. Der gebürtige Cottbuser Architekt Paul Thiel entwarf 1910 ein eklektizistisches Lichtspielhaus, das Jugendstilelemente mit luxuriöser Ausstattung verband. Das ehemalige Einsaalkino wurde 2012 vom Stuttgarter Innenarchitekt Alexander Fehre aufwendig restauriert, um zwei Säle und eine stilvolle Filmbar erweitert. Die Zusammenführung von Historie und Moderne gelang mit einer Mischung aus klaren Linien, dem pointierten Einsatz von Technik und Verweisen auf die Kinogeschichte, ohne dabei in plumpe Nostalgie zu verfallen.

Rudolf-Breitscheid-Straße 78, weltspiegel-cottbus.de

Jan Dimog ist Autor, Redakteur und Journalist und schreibt auf thelink.berlin Geschichten über besondere Menschen, Bauten und Orte.

*Der Umbau durch Fehre ist 2017 mit dem renommierten Iconic Award ausgezeichnet worden. Einer der Höhepunkte des Weltspiegel-Kinos: der große Saal mit 500 Plätzen und der Kassettendecke.*

### Informations-, Kommunikations- und Medienzentrum Cottbus (IKMZ)

Ein paar Minuten Fußweg vom Weltspiegel entfernt, will sich das IKMZ zunächst nicht für mich in das Stadtbild einfügen. Ich empfehle mindestens einmal die Stahlbetonkonstruktion mit der Glasfassade zu umrunden. Mal erscheint sie luftig-transparent, dann wieder wie eine begehbare Skulptur, je nach Tageszeit, Lichtverhältnissen und Witterung. Im Foyer gibt es einen Kontrast, den man wegen des ätherischen Äußeren nicht vermuten würde. Die ausladende Wendeltreppe mit einem Durchmesser von sechs Metern verbindet alle Stockwerke und durchschneidet die Gebäudestruktur wie eine Alice-im-Wunderland-Konstruktion: farbig, schwungvoll, schräg. Das Bunte der Wunderland-Treppe haben die Planer als Farbleitsystem in den Lesesälen und im gesamten Gebäude aufgenommen, so konsequent, dass sie selbst sagen: „Das hat alles beinah einen psychedelischen Effekt." Insofern sind sich der Bibliotheksbau und der Weltspiegel ähnlich: Ein Äußeres mit Ebenmaß trifft auf eine kontrastierende Innengestaltung mit einer eigenen Form- und Farbsprache.

Platz der Deutschen Einheit 2, b-tu.de/ikmz

In der Innengestaltung setzte das Architekten-büro Herzog & de Meuron auf ein knalliges Farbleitsystem, das vom Eingangsbereich bis in die Lesesäle in den oberen Stockwerken konsequent umgesetzt wurde. Die Planer u. a. der Elbphilharmonie (Hamburg, 2017) und der Allianz Arena (München, 2005) setzten in Cottbus auf starken Innen-Außen-Kontrast. Das 32 Meter hohe Gebäude steht auf einer kleinen Anhöhe und zeichnet sich durch die fließenden Formen aus.

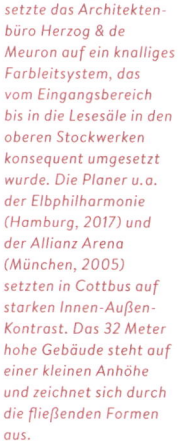

# Brandenburgisches Landesmuseum für moderne Kunst

Für den nächsten Teil meiner architektonischen Erkundungen fange ich mit der Mühleninsel in einem besonders malerischen Teil der Stadt an. 1898 entstand an dieser Stelle mit dem Goethepark die erste Cottbuser Parkanlage. Der Amtsteich ist älter und wurde um 1600 angelegt. Zwischen Spree, Amtsteich und Mühlgraben steht hier ein rotgelbbraun-verklinkertes, expressiv anmutendes Gebäude: das heutige Brandenburgische Landesmuseum für moderne Kunst. Im Fokus stehen Kunst aus der DDR und bedeutende Werke internationaler Künstler mit etwa zwanzig Wechselausstellungen

im Jahr. Das 1928 fertiggestellte Dieselkraftwerk wurde vom Norddeutschen Werner Issel (1884–1974) entworfen. Die Kraftwerksarchitektur von Issel hat das Berliner Büro Anderhalten Architekten zu einem modernen Haus umgebaut. Besucher betreten das Gebäude durch die neue transparente Eingangshalle, die einen sichtbaren Kontrast zum massiven Mauerwerk darstellt. Dieser gläserne Innenhof ist die zentrale Kreuzung der Anlage. Besonders schön: das erhaltene, historische Dekor.

Uferstraße/Am Amtsteich 15, museum-dkw.de

## Staatstheater Cottbus, Großes Haus

Wenn das Anderhalten-Issel-Kunstmuseum ein
Leuchtturm der Kraftwerksarchitektur und damit
wichtiger Teil der Baugeschichte von Cottbus ist,
dann stellt das Staatstheater Cottbus Bürgerstolz,
Repräsentation und das Rampenlicht dieser Stadt
dar, vor allem das Große Haus am Schillerplatz.
Während Issel bei dem etwa einen Kilometer
entfernten Kraftwerk auf Harmonie mit dem
Landschaftsraum setzte, realisierte der Architekt
Bernhard Sehring auf Initiative der zu Wohlstand
gekommenen Cottbuser 1908 einen monumen-
talen Prachtbau, der sowohl außen als auch innen
exzentrisch und eklektizistisch wirkt. Die großen
Linien sind im Jugendstil gehalten, modern und
verspielt zugleich. Dann tauchen steinerne Löwen,
Widder, Panther und Musen im Haus und an der
Fassade auf. Es wird deutlich, was der Autor
C. Jung in seinem Buch „Historische Theater in
Deutschland, Österreich und der Schweiz" meint:
„Sehring war kein Jugendstil-Architekt. Sein
Prinzip war es, Stile verschiedener Zeiten in einem
Gebäude aufeinandertreffen zu lassen, und dazu
konnte auch der Jugendstil gehören."

Schillerplatz 1, staatstheater-cottbus.de

### Altmarkt

Weniger Zeitgenössisches, dafür
mehr Geschichte gibt es am
**Altmarkt** in unmittelbarer Nähe zum
Staatstheater. Der Altmarkt mit den
barocken Bürgerhäusern, der 400
Jahre alten Löwenapotheke und dem
achteckigen Brunnen wirkt wie die
kleine, feine Stube der Stadt.
Für eine Kaffeepause am Ende
meiner Tour gehe ich ins **Coffeelatte**
am Altmarkt 13/13a mit Kuchen und
Panini aus eigener Produktion und
gutem Baristahandwerk.

### Filmfestival

Die Stadt setzt wirtschaftlich
und kulturell auf die Nähe zum
Osten Europas. Ein Beispiel ist
das jährlich im November
stattfindende **Filmfestival
Cottbus**, das die filmkünstleri-
sche Arbeit Osteuropas
beleuchtet.
Übrigens: Die **zweisprachigen
Straßenschilder** deuten an, dass
Cottbus mit seiner sorbisch-
wendischen Minderheit die größte
bilinguale Stadt Deutschlands ist.

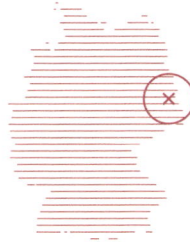

# Liebesbrief an Buckow

VON MARCO BUCH

Die Märkische Schweiz scheint so gar nicht ins Berliner Umland zu passen mit ihren sanften Hügeln, smaragdgrünen Seen und Schluchten durch den dichten Wald.

Geformt von der letzten Eiszeit ist der kleine Brandenburger Naturpark ein wahres Kleinod und schon seit Jahrhunderten für seine Idylle berühmt. Brecht und Heartfield ließen sich hier nieder, Fontane hatte auf seinen Wanderungen durch die Mark Brandenburg viele lobende Worte für das Hügelland rund um Buckow übrig.

Trotz seiner überschaubaren Größe bietet der Naturpark eine Fülle an Aktivitäten, geschuldet der unberührten Natur, aber auch der bunten Mischung an Buckower Bewohnern. Im Winter geht es hier etwas ruhiger zu, doch wer sich darauf einlässt, kann auch bei Schnee und Kälte viel in und um Buckow entdecken und erleben. Die Kurstadt zählt nur knapp 1500 Einwohner, doch hat kulturell erstaunlich viel zu bieten.

Wie wäre es mit einer Wanderung auf dem Panoramaweg mit Blick auf den winterlichen Schermützelsee? Mit Rodeln am Hügel oberhalb des entzückenden Schlossparks? Mit Schlittschuhlaufen auf einem der fünf Seen? Oder mit einer Saunasession und anschließendem Sprung in den eiskalten See?

„In Buckow fühle ich mich nach ein paar Stunden so erholt wie sonst nach einer ganzen Woche Urlaub."

Marco Buch, life-is-a-trip.com

„Buckow ist eine ländliche Schönheit, die mit nacktem Fuß in den See tritt und unter Weidenzweigen ihr Haar flicht."

Theodor Fontane

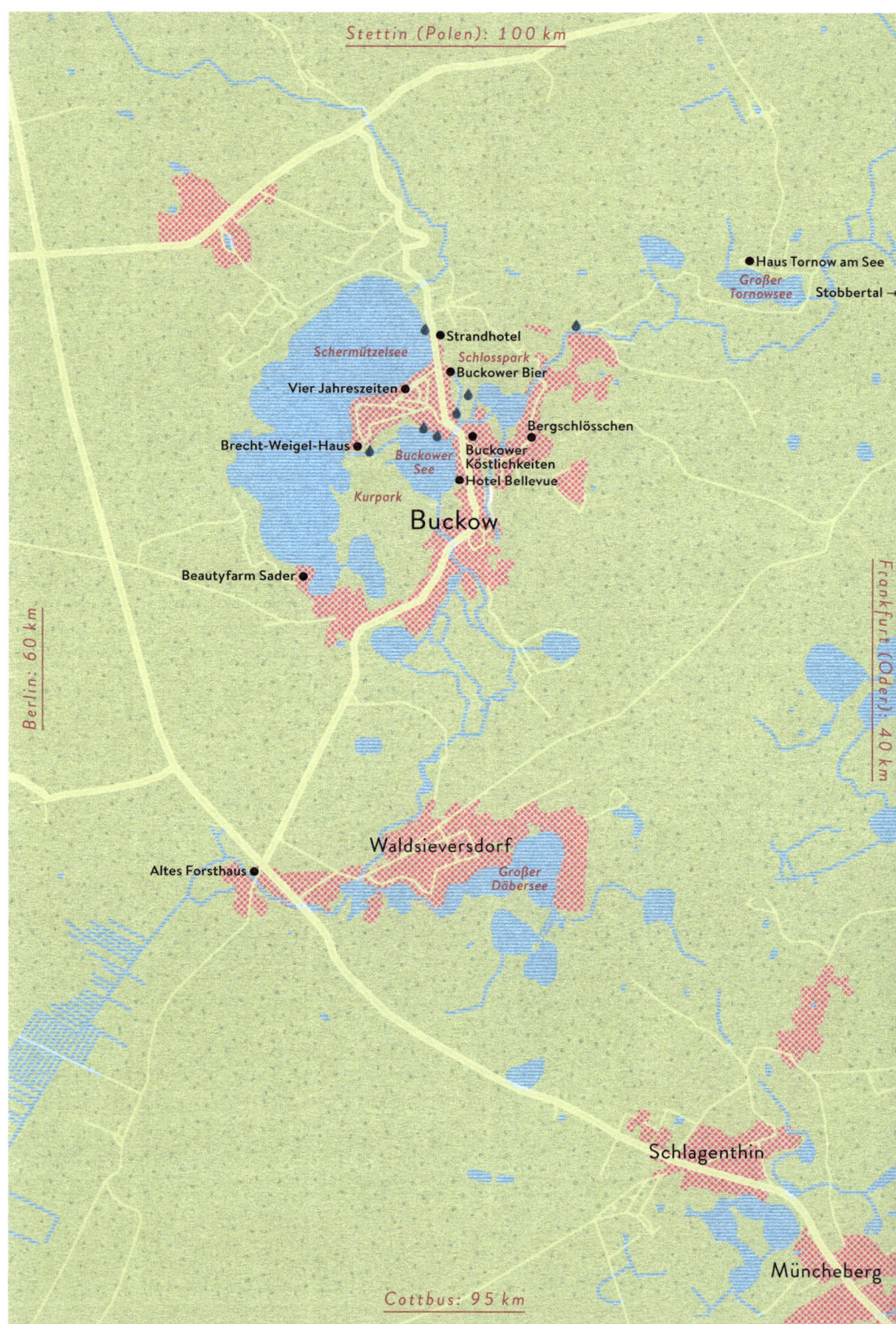

Stettin (Polen): 100 km

●Haus Tornow am See
*Großer Tornowsee*
Stobbertal →

*Schermützelsee*

●Strandhotel

*Schlosspark*

●Buckower Bier

Vier Jahreszeiten●

Bergschlösschen●

Brecht-Weigel-Haus●

*Buckower See*

Buckower Köstlichkeiten●

●Hotel Bellevue

*Kurpark*

Buckow

Beautyfarm Sader●

Berlin: 60 km

Frankfurt (Oder): 40 km

Waldsieversdorf

Altes Forsthaus●

*Großer Däbersee*

Schlagenthin

Müncheberg

Cottbus: 95 km

## Schlafen

Toll unterkommen lässt es sich im **Hotel Bellevue** mit seinen individuell gestalteten Zimmern und dem familiären Service des Betreiberteams aus Mutter und Tochter.
Hauptstraße 16, Doppelzimmer 65 Euro
bellevue-buckow.de

Wer die Nähe des Schermützelsees, des größten Sees vor Ort, sucht, der ist im **Vier Jahreszeiten** gut aufgehoben. Einfach eines der Zimmer am Wasser buchen, so kann man – mit Schlittschuhen oder Ruderboot bewaffnet – direkt vom Zimmer aus den *Scherri* erkunden.
Ringstraße 5-6, Doppelzimmer ab 80 Euro
vierjahreszeiten-buckow.de

Besonders hübsch anzusehen ist das **Hotel Bergschlösschen**, von dem aus man den Blick über die ganze Pracht Buckows schweifen lassen kann.
Königstraße 38, Doppelzimmer 95 Euro

## Essen

Wer auch beim Essen nicht den Blick vom See lassen möchte, ist im **Strandhotel** gut aufgehoben.
Wriezener Straße 27/28
strandhotel-buckow.de

Liebhaber raffinierter Wildgerichte kehren im **Alten Forsthaus** zwischen Buckow und Waldsieversdorf ein.
Eberswalder Chaussee 2, Waldsieversdorf

Im Bioladen **Buckower Köstlichkeiten** gibt es leckeren und preiswerten Mittagstisch aus regionalen Zutaten.
Am Markt 8, naturkontor-buckow.de

Keinesfalls verpassen sollte man das **Buckower Bier**, das direkt in Buckows Craft-Beer-Brauerei hergestellt wird.
Am Schlosspark 3, stadtscheune.de

## Entdecken

Das entzückende **Stobbertal** mutet gerade im Winter wahrlich märchenhaft an und lädt zu ausgiebigen Spaziergängen ein.

Bei einer Wanderung zum **Haus Tornow am See** kann man die Faszination großer Literaten für die Märkische Schweiz wunderbar nachempfinden.

Am Schermützelsee liegt der ehemalige Sommersitz von **Bertold Brecht und Helene Weigel**. Jeden dritten Sonntag im Monat findet um 12.30 Uhr der Brecht-Spaziergang statt.
Bertolt-Brecht-Straße 30
Treffpunkt am Tor des Hauses, anmelden unter villa@brechtweigelhaus.de
Führung und Spaziergang: 10 Euro
brechtweigelhaus.de

Hartgesottene können an verschiedenen Stellen **kneippen**.
- Im Fließ am Brecht-Weigel-Haus am Eingang vom Kurpark
- Am Buckowsee, Wriezener Straße 55
- Auf dem Hof hinter der Touristinformation im Stobber
- Im Stobber am Eingang zum Schlosspark
- Im Stobber an der Güntherquelle, Ende Lindenstraße
- Am Strandbad, Wriezener Straße, Schermützelsee
- Bei der Mutter-Kind-Klinik „Waldfrieden"

## Erholen

Das **Strandhotel** hat gleich mehrere Saunen sowie einen Hot Tub, alles gut gepflegt und mit Blick auf den Schermützelsee. Hier kann man, mit etwas Vorlauf, auch Wellness-Behandlungen hinzubuchen.

Die **Beautyfarm Sader** bietet Massagen am gegenüberliegenden Ufer des Sees an, wo man sich weitab vom Schuss fühlt und perfekt entspannen kann.
Fischerberg 13, beautyfarm-sader.de

Dank der ungewöhnlichen Landschaft herrscht hier oft ein anderes (meist schöneres) Wetter als im nur 60 Kilometer entfernten Berlin.

Busse fahren im Winter nur eingeschränkt. Am besten nimmt man von Berlin-Lichtenberg eine Bahn nach Müncheberg. Von dort geht in unregelmäßigen Abständen ein Bus nach Buckow. Tipp: Die gut sechs Kilometer lange Wanderung vom Bahnhof Müncheberg nach Buckow führt durch Waldsieversdorf und ist wirklich schön, sodass man auch ohne Bus nach Buckow kommt.
Die Anreise per Auto von Berlin dauert etwa eine Stunde.

Marco Buch ist ein neugieriger Mensch, viel unterwegs und erzählt gerne Geschichten auf life-is-a-trip.com.

# Kurz und gut in

# Berlin

Berlin ist bekannt für seinen ungemütlichen, grauen Winter. Zum Glück bietet die Hauptstadt ein schier unerschöpfliches Angebot an großartigen Erlebnissen. 22 Favoriten für den Herbst und Winter.

VON MARIANNA HILLMER

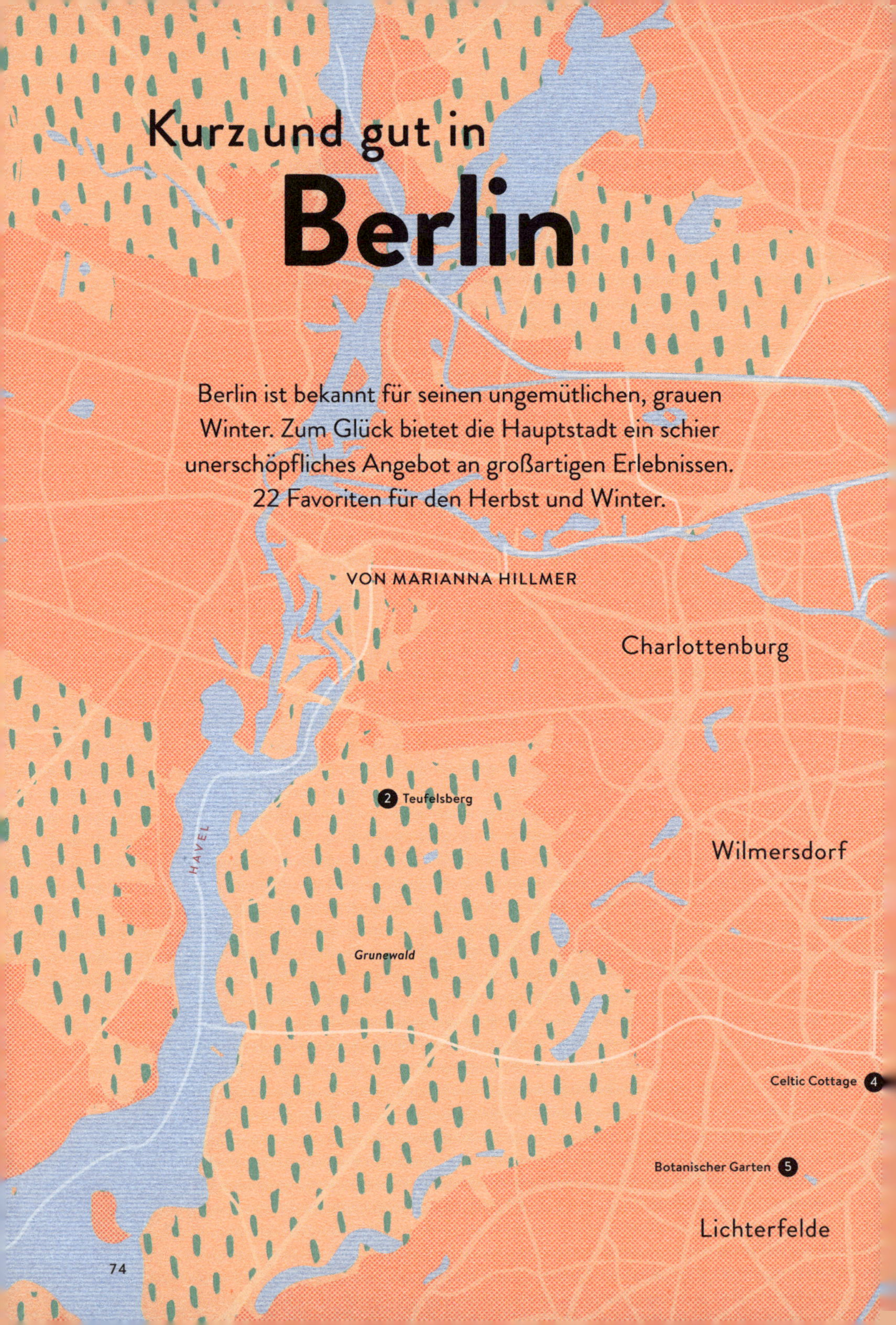

Charlottenburg

**2** Teufelsberg

Wilmersdorf

*Grunewald*

HAVEL

Celtic Cottage **4**

Botanischer Garten **5**

Lichterfelde

**8** Uferhallen

Unterwelten **7**

**16** Jüdischer Friedhof

Prenzlauer Berg

Lichtenberg

Mitte

**1**
Vabali Spa

Tadshikische
Teestube **22**

Kino
Babylon **18**

Don Xuan Center **14**

Kunsthalle **21**

_Tiergarten_

Friedrichshain

**6** Café am Neuen See

**10** Philharmonie

**9** Aquarium

Kreuzberg

**12** Karaoke

Hamam **15**

**19** Markthalle Neun

SO36 **17**

**20** Tante
Lisbeth

**13** Hallenflohmarkt

SPREE

**3**
Café
Winterfeldt
Schokoladen

Treptow

Schöneberg

Neukölln

_Tempelhofer
Feld_

**11** Eisstadion
Neukölln

Tempelhof

## 1. Wellness im Vabali
In Moabit versteckt sich das schön gestaltete balinesische Spa Vabali. Es gibt verschiedene Saunen mit unterschiedlichen Aufgüssen und einem guten Massageangebot.
Seydlitzstraße 6, Moabit
Zwei Stunden ab 21,50 Euro, vabali.de

## 2. Rodeln auf dem Teufelsberg
Der Teufelsberg ist sagenhafte 120 Meter hoch und bietet die rasanteste Piste Berlins.
Teufelsseechaussee 10, Grunewald

## 3. Für Schokoladenfans
Im Café Winterfeldt Schokoladen genießt man exklusive Schokolade, Pralinen und köstliche Kuchen in einer denkmalgeschützten Apotheke von 1892.
Goltzstraße 23, Schöneberg
Montag bis Freitag 9-20 Uhr, Samstag 9-18 Uhr,
Sonntag 12-19 Uhr

## 4. Pub Quiz
Man trifft sich einmal pro Woche in einer Kneipe und spielt zusammen Quiz. Smartphones bleiben der Fairness halber in der Hosentasche.
Celtic Cottage, Markelstraße 13, Steglitz
Montag ab 20 Uhr

## 5. Botanischer Garten
Die Welt in einem Park – ob Tropen, Kakteen oder Indian Summer. Der bereits über 100 Jahre alte Garten ist einer der größten und vielfältigsten weltweit.
Königin-Luise-Straße 6-8, Lichterfelde

## 6. Eisstockbahn im Café am Neuen See
Ab Mitte November kann man Eisstockschießen, Glühwein trinken und warmen Strudel genießen. Wenn der Tiergarten verschneit ist, wähnt man sich im Winterwunderland.
Lichtensteinallee 2, Tiergarten

## 7. Berliner Unterwelten
Während des Zweiten Weltkriegs entstanden unzählige Bunker und Schutzanlagen unter der Erde. Am Bahnhof Gesundbrunnen sind die Räume erhalten geblieben, es gibt diverse Führungen. Unbedingt vorab Tickets kaufen.
berliner-unterwelten.de

## 8. Klavierkonzerte in den Uferhallen
Der Piano Salon Christophori ist eine Flügelwerkstatt. In regelmäßigen Abständen finden hier auch Kammermusikabende mit gutem Wein statt.
Uferstraße 8, Gesundbrunnen, konzertfluegel.com

## 9. Aquarium
Die Schönheit von Quallen, filigrane Seepferdchen, aber auch Haie und Rochen lassen sich auf eindrucksvolle Weise bewundern.
Budapester Straße 32, Tiergarten
Täglich 9-18 Uhr, 15,50 Euro/8 Euro

## 10. Kostenlos in die Philharmonie
Jeden Dienstag gibt es Kammermusik auf höchstem Niveau im Foyer der Berliner Philharmoniker.
Herbert-von-Karajan-Straße 1, Tiergarten
Dienstag um 13 Uhr, 45 Minuten

## 11. Eislaufen
Besonders schön und mit verlässlicher Eisdecke (im Gegensatz zu den Berliner Seen) kann man unter freiem Himmel im Eisstadion Neukölln Schlittschuhlaufen.
Oderstraße 182, Neukölln, 3,30 Euro/1,60 Euro

## 12. Karaoke singen
Karaoke macht Spaß, egal ob man gut singt oder nicht. Bei Monster Ronson's Ichiban gibt es neben der Bühne auch kleine Kabinen (für bis zu sechs Leute), die man mieten kann.
Warschauer Straße 34, Friedrichshain
Kabine ab 12 Euro pro Stunde, karaokemonster.de

## 13. Hallenflohmarkt in Treptow
Neben klassischem Trödel findet man auf dem riesigen überdachten Flohmarkt auch großartige DDR-Funde.
Eichenstraße 4, Treptow
Samstag und Sonntag 10-16 Uhr

### 14. Don Xuan Center
Lust auf eine Reise nach Vietnam?
In Lichtenberg befindet sich Berlins
größter Asiamarkt. Eine Top-Adresse für
wirklich authentisches vietnamesisches
Essen.
Herzbergstraße 128-139, Lichtenberg
Mittwoch bis Montag 10-20 Uhr

### 15. Hamam für Frauen
Verweilen, Waschen und Plaudern in
orientalischen Baderäumen ist ein
Genuss weit weg von Hektik, Alltag und
Kälte.
Schokofabrik, Mariannenstraße 6, Hinterhaus,
Neukölln, Tageskarte 34 Euro
Montag 15-23 Uhr, Dienstag bis Sonntag 12-23 Uhr,
Donnerstag bis 20 Uhr ist Kindertag (Jungs nur bis
fünf Jahre).

### 16. Jüdischer Friedhof Weißensee
Mit über 115 000 Grabstellen ist er einer
der größten jüdischen Friedhöfe Europas. Im Herbstkleid ist er bezaubernd,
in Schnee gehüllt einfach umwerfend.
Männer müssen ihren Kopf bedecken
(am Eingang werden Kippas verliehen).
Herbert-Baum-Straße 45, Weißensee
Samstag (Schabbat) geschlossen

### 17. Kiezbingo im SO36
Bingo! Im SO36 kann man jeden
zweiten Dienstag beim Spielen etwas
Gutes tun. Der Erlös geht immer an ein
soziales Projekt aus dem Kiez.
Oranienstraße 190, Kreuzberg, Oktober bis Mai:
Einlass ab 19 Uhr, Beginn: 19.30 Uhr

### 18. Kino Babylon
Jeden Mittwoch um 11 Uhr gibt es
aktuelle Kinofilme für junge Familien
im kindgerechten Ambiente. Immer
samstags steht um Mitternacht
ein Stummfilm auf dem Programm, mit
freiem Eintritt und Organistin.
Rosa-Luxemburg-Straße 30, Mitte, babylonberlin.de

### 19. Markthalle Neun
Ein wahres Foodie-Paradies mit Lecke-
reien aus aller Welt, ob zu den regulären
Markttagen, am Streetfood-Thursday
(jeden Donnerstag) oder zum Breakfast
Market (jeden dritten Sonntag im Monat).
Eisenbahnstraße 42/43, Kreuzberg
Alle Termine: markthalleneun.de

### 20. Kegeln bei Tante Lisbeth
Tante Lisbeth ist eines dieser typischen
Berliner Retro-Cafés, für die die Hauptstadt so bekannt ist und geliebt wird. Teils
grantelige Bedienung, alte Sofas und
eine Kegelbahn im holzvertäfelten
70er-Jahre-Keller.
Muskauer Straße 49, Kreuzberg, 15 Euro pro Stunde,
online reservieren: pyonen.de/tantelisbeth

### 21. Lunch Lectures in der Deutsche Bank Kunsthalle
Die besondere Form der Mittagspause:
Kunstführung mit anschließendem Lunch,
immer mittwochs um 13 Uhr.
Unter den Linden 13/15, Mitte, 9 Euro/7 Euro
deutsche-bank-kunsthalle.de

### 22. Tadshikische Teestube
Tee trinken heißt den Lärm der Welt
vergessen, auf gemütlichen Sitzkissen
zwischen handgeschnitzten Säulen aus
Sandelholz gelingt das besonders gut.
Montags um 19.30 Uhr findet die Märchen-
stunde statt (9 Euro, reservieren unter
info@tadshikische-teestube.de).
Oranienburger Straße 27, Mitte
Montag bis Freitag 16-23 Uhr, Samstag und
Sonntag 12-23 Uhr, tadshikische-teestube.de

# Mit dem Zug in die Eiswüste

VON JOHN ABERT UND MARC JERUSEL

Möchte man Ostdeutschlands höchsten Gipfel im Winter besteigen, sollte man sich auf einen rauen Anstieg gefasst machen. Wer es lieber gemütlich mag, kann mit der historischen Brockenbahn hinauftuckern.

Ganz so romantisch, wie wir uns die Fahrt in der Brockenbahn vorgestellt hatten, geht es an Bord nicht zu. Auf den kleinen Plattformen an den Eingängen herrscht dichtes Gedränge. An Bord der Brockenbahn klappert es unermüdlich, es ist eiskalt. Im thüringischen Nordhausen, von wo aus die Harzquerbahn in Richtung Drei Annen Hohne am Fuße des Brockens startet, schmolz der Schnee bereits langsam dahin. Inzwischen sind wir in der kleinen Ortschaft auf 540 Meter Höhe in die Brockenbahn umgestiegen und befinden uns auf kurvigem Weg durchs Harzer Winterwunderland. Der Hochharz ist eine karge Landschaft. Ein ungemütlicher Ort, ein Ausflugsziel, das deutschlandweit seinesgleichen sucht.

Auf 1125 Metern kommt die Brockenbahn zum Stehen. Eine steife Brise weht uns ins Gesicht. Lange werden wir es hier oben nicht aushalten. Wir füllen uns einen Schluck heißen Tee in die Kappe, doch unsere Hände zittern so sehr, dass das meiste davon auf unseren Handschuhen landet und sich in Eistee verwandelt. Umgeben von einer arktisch anmutenden Szenerie kämpfen wir uns zum Gipfel vor. Schneemassen umschlingen schwarze Felsen, Bäume sind erst in der Ferne zu erkennen. Dass auf dem Brocken ein Klima wie auf Island herrscht, hatten wir schon oft gelesen. Erst an Ort und Stelle realisieren wir, was dahinter steckt.

Es dämmert bereits, als wir zurück an Bord der Schmalspurbahn sind, die erstmals 1899 zum Brocken aufbrach. Was heute nostalgische Touristenattraktion ist, war damals für die Entwicklung der Region eine Revolution. Eine Fahrt mit der Brockenbahn ist daher nicht nur winterliches Vergnügen, sondern auch Zeitreise in die Geschichte des Harzes.

Mit den **Harzer Schmalspurbahnen** gelangt man ab Quedlinburg oder Wernigerode in Sachsen-Anhalt, aber auch ab Nordhausen in Thüringen zum Brocken. Der Umstieg in die Brockenbahn erfolgt in Drei Annen Hohne oder Schierke. Der Preis pro Person für Hin- und Rückfahrt beträgt 43 Euro. Hinweis: Der Preis ist von allen Bahnhöfen der Harzer Schmalspurbahnen derselbe. Ein späterer Zustieg spart kein Geld.

In der Adventszeit findet in **Quedlinburg** einer der schönsten Weihnachtsmärkte im Harz statt.

**Wernigerode**, die nördlichste Station der Harzquerbahn, gehört zu unseren absoluten Lieblingsstädten im Harz. Der Blick von der romantischen Schlossterrasse ist auch im Winter ein Highlight.

Wer nichts lieber mag, als im Winter auf Wanderschaft zu gehen, dem empfehlen wir den **Heinrich-Heine-Weg**, der von Ilsenburg auf wildromantischer Strecke hinauf zum Brocken führt. Gemütlicher ist allerdings die Strecke vom Gipfel hinunter nach Schierke, die zum Teil entlang der Bahngleise der Brockenbahn verläuft.

Zwei junge Berliner auf der Suche nach dem besonderen Reisemoment. Auf ihrem Reiseblog berichten John und Marc von Reisezielen, die nicht jeder auf der Liste hat: 1thingtodo.de.

# Kunst, Kultur & Kreativität

VON AYLIN KRIEGER

Zwischen DDR-Betonklötzen, barocken Prachtbauten und stillgelegten Industrieanlagen wird allerorts Kunst geschaffen. Das inspiriert zum Mitmachen – glücklicherweise bieten Leipzigs Kreativzentren genau das an.

Wir starten in der Baumwollspinnerei, einem sechs Hektar großen, backsteinfarbenen Industriekomplex aus dem Jahr 1884. Wo früher Baumwollgarn im Akkord hergestellt wurde, befinden sich nun Kunstausstellungen, Galerien und Werkstätten. Die Mischung macht die Kunstfabrik so spannend: Hier wird Kunst nicht nur ausgestellt, sie wird vor Ort geschaffen. Die Künstler sind zum Greifen nah, angenehm bodenständig.

Auch das 1883 erbaute Tapetenwerk folgt dieser Mentalität. Designer, Architekten und Fotografen hauchen den Räumen des Gründerzeitbaus ganzjährig Leben ein. Im November, am Freitag nach dem Martinstag, findet die gemeinnützige Kunstauktion *Das Tapetenwerk teilt* statt.

Der links geprägte Stadtteil Connewitz ist nicht nur wegen seiner vielen Streetart einen Besuch wert. Im Werk 2 darf man sich kreativ richtig austoben: Keramik-, Glasbläserei-, Grafik- und Medienwerkstätten laden zum Kunstmachen ein.

Kunst anzusehen macht Freude. Sie selbst zu machen, die Ärmel hochzukrempeln, etwas mit den eigenen Händen zu schaffen, macht gar glücklich. Leipzig zeigt's!

**Plagwitz** ist der Szenestadtteil Leipzigs. Entlang der Karl-Heine-Straße befinden sich dutzende Cafés, Restaurants und kleine Shops. Herzstück ist das **Kunstquartier Westwerk** in einer ehemaligen Armaturen-fabrik aus dem 19. Jahrhundert.
Karl-Heine-Straße 93, westwerk-leipzig.de

Authentische Thaiküche: In der Gottschedstraße befindet sich das unauffällige **Restaurant Chang**.
Gottschedstraße 18, chang-leipzig.de

Im **Hafen** gibt's kleine, hübsche Dinge. Perfekt zum Stöbern.
Karl-Heine-Straße 75
Tram 14, Haltestelle „Karl-Heine-/Merseburger Straße", hafen-leipzig.de

Individuelle Papeterie und Designprodukte gibt es auch bei **Vielfach** in der angesagten *Karli* (Karl-Liebknecht-Straße).
Karl-Liebknecht-Straße 66
vielfach-leipzig.de

**Baumwollspinnerei**
Spinnereistraße 7, spinnerei.de

**Tapetenwerk**
Lützner Straße 91, tapetenwerk.de

**Werk 2 – Kulturfabrik**
Kochstraße 132
werk-2.de/werkstaetten-kurse

Die **Kreativitätswerkstatt** bietet Kurse für Kinder, Jugendliche und Erwachsene an: Kreatives Schreiben, Buchbinden, Malen, Kalligrafie und Musikkurse.
Lützowstraße 19, Leipzig-Gohlis
kreativitaetswerkstatt-leipzig.de

In der **Baumwollspinnerei** gibt es vier Ferienwohnungen: Industriedesign vom Feinsten.
Spinnereistraße 7, Zimmer ab 90 Euro
meisterzimmer.de

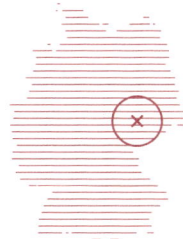

Diverse Rabatte, freier Eintritt in ausgewählten Museen und Nutzung des ÖPNV mit der Leipzig Card (Tageskarte 12,40 Euro)

Neue kreative Energie tankt man in der **Sauna im See**, die auf Pfählen über dem Cospudener See gebaut wurde. Das Tauchbecken ist der Cospudener See. Wenn er gefroren ist, wird ein Badeloch gehackt.
Hafenstraße 19, Markkleeberg
Tageskarte ab 21,90 Euro
sauna-im-see.de

# Aschenbrödels Märchenschloss

VON SUSANNE HELMER

Der Film *Drei Haselnüsse für Aschenbrödel* gehört für viele untrennbar zu Weihnachten. Gedreht wurde seinerzeit auf Schloss Moritzburg. Hier gibt es jedes Jahr eine Ausstellung zu dem Kultstreifen.

Es liegt nicht zuletzt an seiner Musik, dass der Film die Gemüter erweicht, an diesen glockenhellen Klängen, zu denen die Heldin in *Drei Haselnüsse für Aschenbrödel* auf ihrem Schimmel durch die schneebedeckte Landschaft reitet.

Im Winter ertönen sie auf Schloss Moritzburg. Das Barockschloss bei Dresden ist einer von vier Drehorten der tschechisch-ostdeutschen Koproduktion von 1973. Jedes Jahr findet hier eine Ausstellung zum Klassiker statt, mit Kostümen, Requisiten, Plakaten und jeder Menge Anekdoten zur Entstehung des Märchenfilms.

Diese sind mitunter ernüchternd. Zum Beispiel lag beim Dreh kein Fitzelchen Schnee, man behalf sich mit Styropor und stinkendem Fischmehl als Ersatz. Und bei Nikolaus handelt es sich nicht durchgängig um dasselbe Pferd: Die Maul- und Klauenseuche war ausgebrochen, deshalb durfte die Crew den ersten Schimmel nicht über die tschechisch-deutsche Grenze bringen.

Doch nichts nimmt dem Film seinen vielleicht größten Zauber: Er verbindet Generationen, schließlich läuft er schon seit mehr als 40 Jahren zur Weihnachtszeit im Fernsehen. Kein Wunder, dass zur Ausstellung so viele Besucher mit ihren Kindern oder Eltern kommen.

„Das Schloss hat Erinnerungen an meine Kindheit geweckt, als ich in der Weihnachtszeit Seite an Seite mit meiner Oma diesen Film geschaut habe."

Susanne Helmer, fluegge-blog.de

Berlin: 130 km

Leipzig: 85 km

Görlitz: 85 km

● Schloss Moritzburg

Radebeul

Weingut Karl
● Friedrich Aust
● Lößnitztalschänke

● Karl-May-Museum

● Lößnitzgrundbahn
*Bahnhof
Radebeul Ost*

● Lügenmuseum

Dresden

E L B E

Prag (Tschechien): 125 km

### Mit Volldampf

Der Ausflug zum Schloss kann schon romantisch beginnen: mit einer Fahrt in der historischen **Schmalspurbahn Lößnitzdackel** von Radebeul bis Moritzburg. Nur echt mit viel Qualm und Dampflock-Sound!
Preis pro Strecke 7 Euro
loessnitzgrundbahn.de

Noch mehr Romantik verspricht eine **Kutschfahrt durch Moritzburg** und um das Märchenschloss herum. Die Kutschen stehen am Groß-parkplatz an der Schlossallee bereit, Gäste buchen ihre Fahrt vorab.
Ab 70 Euro pro Kutsche
kulturlandschaft-moritzburg.de

### Essen & Trinken

Die **Lößnitztalschänke** ist ein urig-gemütliches Wirtshaus. Viele Zutaten und die Weine stammen aus der Region, die Wild- und Fischgerichte sind allein optisch ein Genuss. Vorher reservieren!
Mühlweg 3, Radebeul
loessnitztalschaenke.de

Radebeul liegt an der Sächsi-schen Weinstraße, dem einzigen Weinanbaugebiet im ganzen Bundesland. Entsprechend gibt es entlang der Elbe jede Menge Weingüter. Einige veranstalten kleine **Weihnachtsmärkte** mit Kunsthandwerk, etwa das **Wein-gut Karl Friedrich Aust**.
Weinbergstraße 10, Radebeul
weingut-aust.de

### Was gibt es sonst noch?

Winnetou statt Aschenbrödel: In Karl Mays letztem Wohnsitz, der *Villa Shatterhand*, befindet sich heute das **Karl-May-Museum**.
Karl-May-Straße 5, Radebeul
täglich 10-17 Uhr, 9 Euro/3 Euro
karl-may-museum.de

Wer etwas für Skurrilitäten übrig hat, „für Wahrheiten und Illusionen, die keinen prakti-schen Nutzen haben", sollte dem **Lügenmuseum** einen Besuch abstatten.
Kötzschenbrodaer Straße 39, Radebeul
Samstag und Sonntag 13-18 Uhr
5 Euro/2 Euro, luegenmuseum.de

Schloss Moritzburg befindet sich nördlich von Dresden und ist mit öffentlichen Nahverkehrsmitteln in weniger als 50 Minuten zu erreichen. Alternativ bietet sich für die Übernachtung besonders das Städt-chen Radebeul auf halber Strecke an.

Susanne ist Journa-listin in Hamburg, die es regelmäßig in die Welt hinauszieht. Am Ende jeder Reise stand bislang immer dasselbe Fazit: Reisen verändert. Wie genau? Davon erzählt sie auf fluegge-blog.de.

# Expedition nach Mittelerde

Kaum eine Dreiviertelstunde östlich der Landeshauptstadt Dresden erhebt sich aus den Hochflächen über dem Elbtal das Elbsandsteingebirge – gleich an der Grenze zu Tschechien (wo die *Sächsische* sich als *Böhmische Schweiz* fortsetzt). Ihren Namen verdankt die zerklüftete Felsenlandschaft zwei Schweizer Künstlern, die hier Ähnlichkeiten zu ihrer bergigen Heimat im Jura erkennen wollten.

Im Frühjahr, wenn die Sonne hoch genug steigt, um ihre wärmenden Strahlen endlich auch in die tieferen Täler des Gebirges vordringen zu lassen, beginnt sie wieder – die Saison der nimmermüden Wanderer und wagemutigen Kletterer. Vor allem letztere können gerade hier auf eine besonders lange Tradition zurückblicken, gilt die Sächsische Schweiz doch als Geburtsort des Sportkletterns.

Zerborstener Turm. Sandlochwächter. Verlassene Wand. Bärensteine. Die Namen der Gipfel, Täler und Pfade im Elbsandsteingebirge klingen, als würden sie in Mittelerde liegen.

EINE DEPESCHE VON JENS NOTROFF

Die Sächsischen Kletterregeln, die den Verzicht auf künstliche Hilfsmittel in den Vordergrund stellen, gelten als Grundlage des modernen Freikletterns. Längst sind die Tafelberge und Steine des 1990 gegründeten Nationalparks kein Geheimtipp mehr. Seit dem 19. Jahrhundert sind diese Berge und Täler Ziel wandernder und kletternder Touristen. Mancher auch mit Skizzenbuch und Farben im Gepäck. Die sich im Herbst in Rot und Gelb und Braun kleidenden Wälder haben bereits die Künstler der Romantik in Scharen in die Region gelockt (noch heute kann man deren Spuren auf dem *Malerweg*, einer ihnen gewidmeten Rundwanderung, folgen). Die beinahe surreal anmutende Szenerie des am Morgen aus den Tälern aufsteigenden dichten Nebels, der die bizarre Felsenwelt als über die Wolken entrückte Inseln erscheinen lässt, hat auch heute nichts von ihrer Faszination eingebüßt.

Im Winter aber kehrt Ruhe ein in den Tälern der Sächsischen Schweiz. In den tieferen, weniger zugänglichen jedenfalls. Wenn der erste Schnee den hohen Felstürmen weiße Hauben aufsetzt und die gewundenen Pfade in Schluchten und Tälern im Eis erstarren, wetteifern glitzernder Frost und düstere Felskulisse um einen möglichst großen Kontrast. Leise, seltsam entrückt wirkt die Bergwelt dann. Und verschlossen. In sich selbst zurückgezogen. Jeder Pfad, jeder Aufstieg will nun erst einmal erobert werden. Denn schlüpfrige Holzstufen, rutschige Leitern und spiegelglatte Eisflächen verlangen dem Winterwanderer ein gehöriges Maß an Trittsicherheit ab. Ist man aber bereit, sich genau darauf einzulassen (ein paar solide Wanderstiefel vorausgesetzt, idealer- weise samt Grödeln, denn geräumt wird nicht), dann betritt man eine gänzlich andere Welt als sie der Wanderer im Frühling, der Kletterer im Sommer und der Maler im Herbst zu Gesicht be- kommen: Dunst steigt wie kondensierter Atem über der Elbe auf, surreale Eisskulpturen hängen von den Felsen, bilden zuweilen gar gewaltige Eisfälle. Und wenn man Glück hat, kommt man entlang des Weges auch an einem der spärlichen, noch im Winter bewirt- schafteten Gasthäuser vorbei und kann sich in der vom Bollerofen behaglich beheizten Stube bei einem Grog aufwärmen – bevor man den rutschigen Rückweg antritt. Noch heute finden sich in der Felsenwelt der Sächsischen Schweiz die Reste zahlreicher früherer Festungsanlagen, die hier einst zum Schutz der wichtigen Handelswege angelegt wurden (nicht wenige von jenen, tiefer in den Wäldern gelegenen Burgruinen können aber auch auf eine Vergangenheit als Räubernester zurückschauen). Der Besuch des nostalgischen Weihnachtsmarkts auf der Festung Königstein ist ein Erlebnis (der ausgeschenkte Punsch allein ist den Weg wert). Und wenn man schon einmal dort ist, sei auch die Wanderung entlang des alten Patrouillenweges unterhalb der Burgmauern empfohlen. Vorbei am ursprünglichen Zugang zur alten Festungsanlage bietet sich dem neugierigen Wanderer hier ein unvergleichlicher Ausblick hinunter zur Elbe – und hinauf auf die Burg.

Als Archäologe von Skandinavien bis in den Nahen Osten unterwegs, kann Jens auch zwischen Ausgrabungsexpedi- tionen die Füße nicht so recht stillhalten. Es zieht ihn irgendwie immer wieder hinaus. Von unterwegs schreibt er Briefe: lettersfromthefield. com.

# Brot backen

VON JOHANNES KLAUS

Brot hat in Deutschland einen ganz besonderen Stellenwert. Sei es das gemeinsame Frühstück, das Abendbrot oder auch die Brotzeit zwischendurch: Der gemeinsame Genuss von Brot wird sozial zelebriert. Deutsches Brot ist in seiner Vielfalt einzigartig und hat es jüngst sogar zum UNESCO-Kulturerbe gebracht. Das Bäckerhandwerk hat die Vielfalt und Qualität über Jahrhunderte entwickelt und aufbewahrt. Heute, ermüdet von der schlechten Qualität der Massenware, entdecken immer mehr Menschen die traditionelle Backkunst wieder, denn Mehl, Salz, Wasser und ein wenig Zeit sind die Zutaten für wunderbare Ergebnisse. Und viele Bäcker geben ihr Wissen gerne weiter – gutes Brot selbst backen ist gar nicht schwer!

Brot ist die Leidenschaft von **Lutz Geißler**. Ursprünglich Geologe, entwickelt er Rezepte, schreibt Backbücher, gibt Brotbackkurse und hofft auf eine Rückkehr des traditionellen Bäckerhandwerks. Eine Vielzahl an großartigen Rezepten, Tipps und Reportagen veröffentlicht er auf ploetzblog.de. brotbackkurse.de

Ihre Passion für selbstgebackenes Brot vermittelt Andrea Schreyer mit ihren Brotbackkursen in ihrer Backstube **Brotgeflüster** im sächsischen Riesa. brotgefluester.de

Die **Wellkorn-Manufaktur** baut alte Getreidesorten wie Johannis-roggen, Einkorn und Emmer an und verarbeitet diese zu Broten, Müsli, Flocken, Mehl und anderem. Besonders gern wird aber in Kursen vermittelt, selbst gutes Brot zu backen. brot-wellkorn.de

Egal ob Brot, Croissant, Kuchen oder Baguette: **Tom the Baker** zeigt in München, wie es geht. „Weil's Leben zu kurz ist für schlechtes Brot!" tomthebaker.com

# Im Musikwinkel

VON ARIANE KOVAC

Im Vogtland versteckt sich ein ungewöhnlicher Geheimtipp: Seit Jahrhunderten werden hier Instrumente hergestellt. Heute kann man den Meistern bei ihrer Arbeit zusehen.

Der Instrumentenbau ist ein ganz besonderes Handwerk: Innovationen sind selten, Form und Funktion vieler Instrumente haben sich seit Jahrhunderten kaum geändert. Auch wenn Gitarren oder Geigen heute zumeist in Massenproduktion hergestellt werden, braucht es für wirklich hochwertige Instrumente noch immer die Hand eines Meisters, vor allem weil kein Stück Holz einem anderen gleicht. Anders als eine Maschine weiß ein fähiger Instrumentenbauer selbst Nord- und Südseite desselben Baums unterschiedlich zu behandeln, um den bestmöglichen Klang herauszuholen. Unter den 126 Unternehmen, die im Vogtland ansässig sind, finden sich noch viele Ein- oder Zweimann-Betriebe. Der Nachwuchs wird an einer eigenen Hochschule ausgebildet.

Da die Werkstätten häufig sehr klein sind, war es bisher schwer, diese Besonderheit der Region auch Menschen zugänglich zu machen, die nicht vorhaben, ein Instrument zu kaufen. So hat man vor einigen Jahren die *Erlebniswelt Musikinstrumentenbau* aufgebaut, in der Besucher nicht nur verschiedene Ausstellungsstücke rund um die Herstellung von Instrumenten bewundern, sondern in Vorführungen auch live erleben können, wie Geigen, Kontrabässe oder Gitarren von Hand hergestellt werden – und wie viel Leidenschaft und Gefühl in dieser Arbeit steckt.

„Hätte ich nicht zwei linke Hände, ich könnte glatt neidisch werden, so aufgeladen ist die Atmosphäre mit Kreativität, Konzentration und Begeisterung."

Ariane Kovac, heldenwetter.de

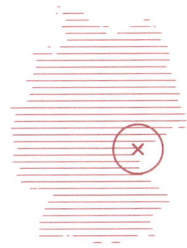

Der Musikwinkel im sächsischen Vogtland umfasst die Orte **Markneukirchen, Erlbach, Klingenthal** und **Schöneck** und die dazwischen liegenden Gemeinden.

Dank der **Erlebniswelt Musikinstrumentenbau** kann man gerade in Markneukirchen die Geschichte und die Leidenschaft der Instrumentenbauer live und eindrücklich erleben. Die Werkstätten der Betriebe sind leider normalerweise nicht besuchbar. Wer eine Reise in die *Erlebniswelt Musikinstrumentenbau* plant, sollte sich vorher ankündigen. Normalerweise werden dort Führungen und Vorführungen für Gruppen organisiert, als Einzelperson kann man jedoch gut dazugesteckt werden.
erlebniswelt-musikinstrumentenbau.de

Für besonders Interessierte gibt es auch ein Museum für Musikinstrumente.
Bienengarten 2, Markneukirchen
Dienstag bis Sonntag, April bis Oktober 10-17 Uhr, November bis März 10-16 Uhr
5,50 Euro/bis 17 Jahre frei
museum-markneukirchen.de

In die Natur

Einen Besuch in der Region kann man bei gutem Wetter auch wunderbar mit einer **Wanderung** verbinden – im Dreiländereck zwischen Bayern, Sachsen und Böhmen gibt es einige Wege in beinahe unberührter Natur. Das Vogtland ist außerdem für **Ski- und Langlaufpisten** bekannt. Die Kammloipe bei Schöneck gilt als eine der schönsten und schneesichersten Langlaufloipen Deutschlands.
skiwelt-schoeneck.de

Ariane reist nicht, um Abenteuer zu erleben. Wenn sie unterwegs ist, möchte sie so viel wie möglich über Menschen und ihre Kultur erfahren, in Deutschland, Europa und auch in fernen Ländern. Geschichten und Bilder davon landen auf ihrem Blog heldenwetter.de.

# Zwischen Poppenberg und Gänseschnabel

VON MARC JERUSEL UND JOHN ABERT

Der Südharz gehört zu jenen Regionen Deutschlands, die nahezu unbekannt sind – ein Ausflug dorthin ist gerade deshalb lohnenswert.

Wahrscheinlich würde der Südharz mehr Besucher anlocken, wäre er nicht der vergessene kleine Bruder des nördlich gelegenen Hochharzes. Dabei beherbergt die Region einige Eigentümlichkeiten. Ein Besuch lohnt besonders dann, wenn die Schneefallgrenze zum ersten Mal auf unter 600 Meter sinkt. Den Begriff kannten wir vor unserer Wanderung nur aus dem Fernsehen. Noch nie hatten wir einen Ausflug im Herbst gestartet, um schon nach kurzer Zeit im Winter zu landen. Rund um den Gänseschnabel, einem Felsen in Form seines Namens, marschieren wir durchs Herbstwunderland, um wenig später auf dem Poppenbergturm über tief verschneiten Nadelwald zu blicken. Für alle, die gerne wandern und doch das ganz große Abenteuer scheuen, ist der Südharz in Nordthüringen ein Ausflugsziel zum Verschnaufen und Genießen.

Gänseschnabel • Poppenbergturm
• Bahnhof
Ilfeld
• Schloss Stolberg
Stolberg
Kyffhäuserdenkmal →
92 Nordhausen
• Bahnhof

Idealer Ausgangspunkt für eine Wanderung im Südharz ist **Nordhausen**. Vom Bahnhof verkehren regelmäßig Straßenbahnen in Richtung **Ilfeld**, die sich auf dem Weg in Regionalzüge verwandeln. Nordhausen selbst verfügt über eine süße Altstadt, in der sich abends vielerorts lecker speisen lässt.

In der Nähe von Nordhausen lohnt ein Besuch im **Kyffhäusergebirge** an der Grenze zwischen Thüringen und Sachsen-Anhalt, das für das 81 Meter hohe **Kyffhäuserdenkmal** zu Ehren Kaiser Wilhelms I. bekannt ist. Ebenfalls im Südharz liegt das idyllische Städtchen **Stolberg**. Ein Abstecher ist insbesondere am dritten Adventswochenende toll, wenn der kleine Weihnachtsmarkt eröffnet. Einen besonders schönen Blick auf den 1400-Seelen-Ort, der sich malerisch in einem Tal ausbreitet, erhascht man von den Terrassen des **Stolberger Schlosses**.

# Allein in der Loipe

VON MADLEN BRÜCKNER

Die Sonne schickt ihr sanftes Winterlicht durch die Äste der Nadelbäume, die unter der Last des Schnees ächzen. Um mich herum funkeln die Kristalle wie ein Schatz.

Behutsam gleite ich durch das glitzernde Stillleben, um es in seiner ganzen Pracht zu bewahren. Das Spurenfahrzeug hat am frühen Morgen bereits eine Schneise in die eisige Winterlandschaft gezaubert, um den Wintersportlern und Skiwanderern das Vorankommen zu erleichtern. Wenn ich mir die Bretter unter die Füße binde und in der Loipe meine Runden ziehe, genieße ich vor allem die wunderbare Ruhe, die nur meine Ski mit einem leichten Knirschen durchbrechen.

Seit meinem vierten Lebensjahr stehe ich, wenn der Winter in den Thüringer Wald einzieht, auf den Skiern. Auch wenn ich längst in der Großstadt lebe, ist die Loipe immer wieder ein Zurückkommen, ein Durchatmen, ein Ausflug in meine Kindheit.

In den letzten Jahren lege ich auf meiner Runde auf dem Rennsteig, die ich am Grenzadler in Oberhof starte, häufig einen Stopp am *Hohen Möst* ein – er zählt zu den schönsten Aussichtspunkten. Hier führt die Loipe nur noch einspurig hinauf. Einmal angekommen, breitet sich Thüringen vor mir aus. Bei klarem Wetter kann man weit übers Land schauen.

„An manchen Tagen fegt hier der Wind über die Wiesen und lässt den Pulverschnee wie Sandkörner in der Luft tanzen. Schöner kann Winter nicht sein."

Madlen Brückner, puriy.de

### Indoor-Skilanglauf

Wenn es keinen Schnee geben sollte, lohnen sich Ski in Oberhof trotzdem. Die **DKB-Skisporthalle** ist das ganze Jahr über geöffnet.
Tambacher Straße 44, Oberhof
Ab 15 Euro pro Stunde,
Skiverleih 12 Euro (Ski, Schuh, Stöcke)
oberhof-skisporthalle.de

### Geschichte erleben

Man nennt ihn den heißesten Ort im Kalten Krieg, hier standen sich die Machtblöcke von NATO und Warschauer Pakt vier Jahrzehnte lang unmittelbar gegenüber. Bis 1989 war der *Observation Post* **Point Alpha** einer der wichtigsten Beobachtungsstützpunkte der US-Streitkräfte, heute kann man ihn besichtigen und viel über die deutsche Geschichte lernen.
Platz der Deutschen Einheit 1, Geisa
Dezember bis Februar:
Dienstag bis Sonntag 10-16.30 Uhr,
März bis November: täglich 10-17 Uhr
6 Euro/5 Euro, pointalpha.com

Das **Bunkermuseum Frauenwald** gibt Einblicke in die jüngste Geschichte Ostdeutschlands. Mitten im Thüringer Wald liegt dieser Führungsbunker. Der sollte im Kriegsfall der Bezirkseinsatzleitung des Ministeriums für Staatssicherheit der DDR die Fortführung ihrer Leitungsaufgaben gewähren. Der Bunker verfügte über modernste Nachrichtentechnik, eigene Stromversorgung, Telefon, Fernschreiber, mobile Funktechnik und diverse Abhöreinrichtungen.
Am Rothenberg 1, Frauenwald
Der Bunker kann nur im Rahmen einer Führung besichtigt werden: waldhotel-renn-steighoehe.de/bunkermuseum-rennsteig

Im **Erlebnisbergwerk Merkers** im westthüringischen Wartburgkreis kann man in 500 Meter Tiefe auf einer 21 Kilometer langen Rundfahrt in Mannschaftswagen alles über den Kalisalzabbau und den Lagerort des sogenannten Nazigoldes erfahren. Ein Höhepunkt ist der größte und tiefste Konzertsaal der Welt, der Großbunker.
Zufahrtstraße 1, Merkers-Kieselbach
Achtung: Grubenfahrt erst ab 10 Jahre
erlebnisbergwerk.de

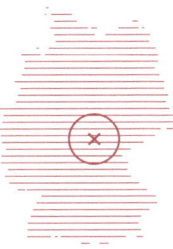

Kostenlose Parkplätze:
Am Wadeberg,
Im Gründle,
Am Kurpark

Auf ihrem Blog puriy.de möchte Madlen Lust machen, die Welt selbst zu entdecken, ob in der Ferne oder auch in unserer unmittelbaren Umgebung.

Das Tropical Islands bietet ewigen Sommer – und einen ganzen Indoor-Regenwald.

# Badespaß und Wellness

### Tropical Islands bei Berlin

Südseefeeling nur 60 Kilometer außerhalb von Berlin in einer der größten Hallen der Welt. Rund um die Uhr geöffnet, gibt es verschiedene Unterkunftsoptionen, vom Tipi bis zur Suite. Highlights: größter Wasserrutschenturm Deutschlands, Whitewater-River, ein echter Indoor-Regenwald mit vielen Tieren, ein Tropendorf und eine riesige Saunawelt.
Tropical-Islands-Allee 1, Krausnick
Tageskarte 49 Euro, tropical-islands.de

### Maya Mare in Halle

Herzstück ist das Wellenbecken im Stil eines mexikanischen Tempels. Kinder vergnügen sich im Tulumaya Kinderland, wo schwebende Tunnel, Rutschen und Wasserspiele niemanden trocken lassen. Abenteuerlich sind die Großrutschen: Lichteffekte gibt es im Laser Express, doppelten Spaß in der 141 Meter langen Doppelbob- und Adrenalinkitzel in der Speedy-Rutsche. Im mexikanischen Saunadorf wird mit Zeremonien der Winter vertrieben und für Entspannung gesorgt. Unser Tipp: die Kaffeesatz-Zeremonie im Dampfbad.
Am Wasserwerk 1, Halle (Saale)
Tageskarte Bad und Sauna 19,90 Euro, mayamare.de

### Satama Saunapark

Idyllisch am Scharmützelsee stehen zehn Saunen zur Auswahl, darunter eine Theater-Sauna, in der Show-Aufgüsse dem Publikum einheizen. Die hauseigene Bibliothek lädt zum Schmökern zwischen den Saunagängen ein. Bei den Themen-Saunanächten werden Wellness, Kulinarik und Show miteinander verbunden. Unser Tipp: die weihnachtliche Saunanacht zum Nikolaus.
Strandstraße 12, Wendisch Rietz
Tageskarte ab 32,90 Euro, satama-saunapark.de

### Naturtherme Templin

Die Templiner Thermalsole entspringt in 1650 Meter Tiefe. In den verschiedenen Badebecken mit unterschiedlichem Solegehalt (1-6 Prozent) kann man sprichwörtlich dem Alltag entschweben. Um sich richtig zu verwöhnen, bietet die Naturtherme Templin ein umfangreiches Wellnessangebot: Vom Cleopatrabad über eine Minzölmassage bis zur Moorpackung ist alles dabei. Event-Tipp: Von Oktober bis April findet am ersten Freitag des Monats die Lange Nacht der Therme statt.
Dargersdorfer Straße 121, Templin
Tagesticket 23 Euro, naturthermetemplin.de

### Saalemaxx in Rudolstadt

Thüringens größtes Erlebnisbad! Im Wellenbecken plantschen kleine und große Wasserratten. Vom Rutschentower führen drei Wege ins Nass: die Crazy-River-Reifenrutsche, die Black-Hole-Rutsche und die Freefall-Steilrutsche (45 % Gefälle!). Praktisch: Das Wellenbecken und der Kinderbereich sind vom Whirlpool aus sichtbar – so können die Großen relaxen, während die Kleinen toben.
Hugo-Trinckler-Straße 6, Rudolstadt
Tageskarte 14 Euro, saalemaxx.de

### Toskana Therme Bad Schandau

Die Therme liegt zwischen Elbe und dem Nationalpark Sächsische Schweiz. Ein neues Wellnesserlebnis verspricht der von Walgesängen inspirierte Liquid-Sound-Tempel, in dem Klänge, Licht und Wasser harmonisch aufeinander abgestimmt und auch unter Wasser wahrnehmbar sind. Events: der literarische Aufguss (jeden letzten Sonntag des Monats), Vollmondkonzerte und der Liquid-Sound-Club.
Rudolf-Sendig-Straße 8a, Bad Schandau
Tageskarte 27 Euro
toskanaworld.net/de/11/therme-bad-schandau

# Weihnachtsmärkte

### Hundeweihnachtsmarkt in Berlin

Mitten im Grunewald, unweit des märchenhaften Weihnachtsmarktes am Jagdschloss findet meist am zweiten Adventswochenende im Forsthaus Paulsborn ein kleiner, spezieller Markt statt: der Sirius-Hundeweihnachtsmarkt. Eine feine Veranstaltung für Vierbeiner und ihre stolzen Besitzer.

Forsthaus Paulsborn, Hüttenweg 90, Berlin
hundeweihnachtsmarkt.berlin

### In Altenhof am Werbellinsee

Mit dem traditionellen Stollenanschnitt wird dieser kleine Markt direkt am beschaulichen Ufer des Werbellinsees eröffnet. Dann kommt der Weihnachtsmann mit dem Dampfer über den See gefahren, es ertönen Weihnachtslieder des ansässigen Chors. Für die Kleinen ist der Clown das Highlight, für die Großen der Glühwein, den man hier stressfrei ohne Gedränge und Spektakel genießen kann.

Hafen Altenhof, Altenhofer Dorfstraße, Schorfheide
Meist am 4. Advent von 14-19 Uhr
gemeinde-schorfheide.de

### Veganer Weihnachtsmarkt in Leipzig

Leipzig hat eine engagierte moderne Foodkultur und die organisiert sich auch zu Weihnachten. Seit fünf Jahren findet der kleine, vegane Wintermarkt an einem ausgewählten Samstag statt. Es werden süße und herzhafte Köstlichkeiten angeboten, und bei den kleinen Handwerksständen kann man fair produzierte Geschenke erwerben.

Feinkost eG, Karl-Liebknecht-Straße 36, Leipzig
neues-vorum.de

### Advent in den Höfen in Quedlinburg

Quedlinburg bietet die perfekte Kulisse für eine friedliche, sehr gesellige Weihnachtseinstimmung: ein historischer Marktplatz umgeben von alten Fachwerkhäusern. An den ersten drei Adventswochenenden öffnen auch noch über zwanzig der schönsten Innenhöfe ihre sonst verschlossenen Türen und bieten kleine Kostbarkeiten an.

1.-3. Advent, Samstag und Sonntag 11-19 Uhr
adventsstadt.de

### Wichteln in Magdeburg

Künstler und Handwerker aus zwölf Ateliers laden an einem Adventsabend zum kreativsten Weihnachtsmarkt der Stadt ein. Es gibt Kunst, Glühwein, vegane Speisen und besonders nette Menschen. Im Mittelpunkt steht das Wichteln. Die ansässigen Ateliers und Shops packen etwas Besonderes ein und füllen die Wichteltruhe. Wer selber mit einem (verpackten) Geschenk vorbeikommt, darf es bei der Wichtelstation abgeben und ein anderes dafür ziehen.

Klosterbergestraße, Magdeburg (Buckau)
buckau.com

### Weihnachtsmarkthopping mit dem Kahn im Spreewald

Lokale Spezialitäten, märchenerzählende Lutken (Spreewaldwichtel), eine romantische Kahnfahrt durch den winterlichen Spreewald und eine Fackelwanderung warten an den ersten beiden Adventswochenenden auf die Besucher. Von der Hafenweihnacht in Lübbenau geht es hinüber zum historischen Markt ins Freilandmuseum Lehde.

Großer Spreewaldhafen Lübbenau, Dammstraße 77a, Lübbenau-Spreewald
Die Tickets müssen im Vorverkauf erworben werden:
spreewald-weihnacht.de

# Bemerkenswerte Museen

## Lyonel-Feininger-Galerie in Quedlinburg

Der in New York geborene Lyonel Feininger (1871-1956) lebte seit 1887 überwiegend in Deutschland, seine Kunst wurde von den Nazis als *entartet* diffamiert, er floh mit seiner Familie in die USA. Vor seiner Abreise übergab er Dr. Hermann Klumpp seine Werke, der sie vor der Vernichtung rettete. Heute bietet die Galerie zusätzlich mit Sonderausstellungen eine Anlaufstelle für hochkarätige Grafik, auch finden regelmäßig Kunstkurse statt.

Schlossberg 11, Quedlinburg
April bis Oktober: Mittwoch bis Montag 10-18 Uhr,
November bis März: Mittwoch bis Montag 10-17 Uhr
6 Euro, feininger-galerie.de

## Modemuseum Schloss Meyenburg

Die vielfältige Ausstellung des Modemuseums geht auf die Privatsammlung von Josefine Edle von Krepl zurück. Sie fing bereits mit 13 Jahren an zu sammeln, als sie das schwarze Satinkleid ihrer Großmutter geschenkt bekam. Die Dauerausstellung zeigt über 360 Damenkleider und Accessoires von 1900 bis 1970.

Schloss 1 bzw. Marktstraße 36 (fürs Navi),
Meyenburg, Dienstag bis Sonntag 11-17 Uhr
7 Euro/3 Euro
modemuseum-schloss-meyenburg.de

## Museum der Dinge und Werkbundarchiv in Berlin

Ein Kuriositätenkabinett in einem ehemaligen Werkstattgebäude, in dem Alltagsgegenstände aus der Produkt- und Warenkultur des 20. und 21. Jahrhunderts nach Epochen, Farben und Funktionen sortiert sind. Kern der Institution ist das Archiv des Deutschen Werkbunds, der zu Beginn des 20. Jahrhunderts formierte und eine modern-sachliche Gestaltung anstrebte.

Oranienstraße 25, Berlin, Montag 12-19 Uhr,
Donnerstag bis Sonntag 12-19 Uhr, 6 Euro
museumderdinge.de

## Georg-Kolbe-Museum in Berlin

Seinen Sitz hat das Museum im ehemaligen Bildhaueratelier des Künstlers Georg Kolbe (1877–1947) im Westend. Die architektonisch interessante Anlage wurde auf einem ehemaligen Waldgrundstück realisiert. Neben der Klassischen Moderne widmet sich das Museum heute auch der zeitgenössischen Kunst, vor allem im Hinblick auf das Thema Kontinuität und Brüche.

Sensburger Allee 25, Berlin
Täglich 10-18 Uhr, 7 Euro/bis 18 Jahre frei
georg-kolbe-museum.de

## Museum Barberini in Potsdam

Potsdams neues Kunstmuseum befindet sich im rekonstruierten Palais Barberini im historischen Zentrum am Alten Markt. Die Ausstellungsthemen reichen von den Alten Meistern bis zur zeitgenössischen Kunst, wobei der Schwerpunkt auf dem Impressionismus liegt. Interessant ist die Barberini-App, mit der man sich selbst durch die Ausstellungen navigieren kann, Infos erhält und Audiotouren für Kinder und Erwachsene kostenfrei auswählt.

Alter Markt, Humboldtstraße 5/6, Potsdam
Montag, Mittwoch bis Sonntag 10-19 Uhr
14 Euro/bis 18 Jahre frei, museum-barberini.com

## Kunstmuseum Kloster Unser Lieben Frauen in Magdeburg

Im ältesten erhaltenen Bauwerk Magdeburgs befindet sich ein Ausstellungsort für Gegenwartskunst und Skulpturen mit großartigem Konzept. Kunst der Gegenwart wird in romanischer Architektur präsentiert und konfrontiert den Besucher zugleich mit Vergangenheit und Gegenwart. Der Verzicht auf eine vorgegebene Laufrichtung lässt ein individuelles Rezeptionsverhalten zu.

Regierungsstraße 4-6, Magdeburg, Dienstag bis Freitag 10-17 Uhr, Samstag und Sonntag 10-18 Uhr
6 Euro inkl. Multimediaguide/bis 18 Jahre frei
kunstmuseum-magdeburg.de

# im Süden

BAYERN
BADEN-WÜRTTEMBERG

Im Süden warten verschneite Berglandschaften. Wir stapfen in Schneeschuhen durch den Schwarzwald, rodeln zum Tegernsee und reiten unser Kamel durch Bayern. Beim Almabtrieb, dem Klausentreiben und der alemannischen Fasnacht staunen wir über wundersame Traditionen fernab der Großstadt. Unseren Schlafsack haben wir auch dabei, denn übernachtet wird diesen Winter im selbstgebauten Iglu.

# Süden

Frankfurt am Main

Mainz

Würzburg

Mannheim ⚑

● Miramar Weinheim

🌲 Ladenburg

Heidelberg

🌲 Bad Wimpfen

● Neckarsulm

**BADEN-WÜRTTEMBERG**

Karlsruhe

Stuttgart ⚑ 🌲 Esslingen

Tübingen 🌲

● Panorama Therme Beuren

Urgeschichtliches
Museum Blaubeuren ●

Ulm ⚑

⚑ Schneeschuhwandern
im Schwarzwald

Freiburg

● Badeparadies Schwarzwald
Titisee-Neustadt

⚑ Bodensee
Lindau

Klausentreib ⚑

Allgäu

● Vitra Design Museum
Weil am Rhein

Iglus baue ⚑

Ponyreiten Sanspareil
in Oberfranken

nberg

Bayreuth

irndorf

Nürnberg

Regensburg

Schweinhütt
Bayerischer Wald

BAYERN

gsburg

Passau

• Therme Erding

München

Kamelreiten
im Mangfalltal

Franz-Marc-Museum
Kochelsee •

Fraueninsel
Chiemsee

Rupertus Therme
Bad Reichenhall

Rodeln
am Wallberg

Almabtrieb im
Berchtesgadener Land

# Kuh mit Hut

VON MANUELA EICHER

Traditionell geht der Bergsommer für die Bauern und Landwirte mit dem Almabtrieb zu Ende. Nach ungefähr hundert Tagen auf den Almen kehren die Tiere zwischen Anfang September und Mitte Oktober für den Winter ins Tal zu ihren Besitzern zurück.

Der Almhirte trägt dabei die Verantwortung für alle Tiere, neben Kühen werden auch oft Schafe, Ziegen und sogar Pferde mit auf die Sommerweide genommen.

Die Kühe werden, sollte der Almsommer unfallfrei für Tier und Mensch verlaufen sein, festlich geschmückt und laufen mit großen Glocken durch das Dorf. Der Kopfschmuck besteht dabei meist aus Latschenkiefern, Silberdisteln, bunten Bändern und oftmals einem Kreuz. In den letzten Jahren entwickelte sich dieser Brauch zu einem wahren Magneten für Besucher aus aller Welt.

Je nach Region gibt es Unterschiede bei diesem Brauchtum. Im Allgäu unter Viehscheid bekannt, trägt dort nur die Leitkuh den Kopfschmuck. Ein besonderes Highlight ist der Almabtrieb über den Königssee im Berchtesgadener Land. Die Tiere von der Saletalm und Fischunkelalm werden schon seit über hundert Jahren über den Königssee nach Hause gebracht – inzwischen nicht mehr rudernd, sondern auf den hiesigen Elektrobooten.

Auch für das Wohl der menschlichen Besucher wird gesorgt, die Almabtriebe werden meist begleitet von Bauernmärkten und Brauchtumsdarbietungen. Oft gibt es zusätzlich noch ein feuchtfröhliches Volksfest, um die Heimkehr gebührend zu feiern.

Eine gute Übersicht
über die Termine
der Almabtriebe im
Alpenraum gibt es
hier: almabtriebe.de

Manuela liebt ihre
blau-weiße Heimat
– ein optimaler
Ausgangsort, um
den Rest der Welt zu
erkunden. Ob Fern-
reisen, Kurztrips in
eine Stadt oder in die
Berge – es gibt immer
etwas zu entdecken.
Auf seiltanz.org
erzählt sie davon.

# Alles Glück der Erde

VON ADRIANE LOCHNER

Pferde schnauben, Kinder lachen – Schmuddelwetter stört niemanden beim abenteuerlichen Ritt durch die Ländereien der Burg Zwernitz.

Im Buchenhain leuchten bereits gelbe Blätter und aus dem milchig-trüben Himmel prasseln winzige Regentropfen auf das alte Gemäuer. Die Burg Zwernitz thront auf einem schmalen Dolomitfelsen über dem Pferde-, Pony- und Eselparadies Sanspareil, wo eine Horde Kinder – gut ausgerüstet mit Helmen, Stiefeln und Regenjacken – im Sattel herumturnt. Egal ob liegend, rückwärts sitzend oder freihändig, das Balancehalten wird schon bald zum Kinderspiel.

Jule, drei Jahre alt, konnte die ganze Nacht nicht schlafen, so sehr hat sie sich auf diesen Nachmittag gefreut. Pferde findet sie nämlich wahnsinnig toll. Heute darf sie zum ersten Mal reiten und zwar auf einem hellbraunen Shetlandpony namens Billy mit flauschigen Teddyohren und zotteliger Mähne. Angst hat sie keine, denn Billy ist genauso klein wie sie. Außerdem führt Jules Mutter Billy die ganze Zeit über am Strick. Das Mädchen fühlt sich sichtlich wohl auf dem Pferderücken und grinst über beide Ohren. Den anderen Kindern geht es ähnlich. Als die Reitlehrerin schließlich ruft: „Wollt ihr einen Ausritt machen?", antworten alle: „Jaaa!" Schon bald trippeln die Ponys, aufgereiht wie an einer Perlenschnur, über die grünen Hügel, durch Wiesen und Wälder, vorbei an markanten Felsformationen, uralten Bäumen und natürlich an der Burg Zwernitz.

„Im oberfränkischen Sanspareil können sich kleine Abenteurer wie echte Ritter und Burgdamen fühlen."

Adriane Lochner, globestories.com

![Photo of two adults and two children with a donkey and a pony in a meadow, castle in background]

„C'est sans pareil", französisch für „Dies ist ohnegleichen" soll eine Hofdame der Markgräfin Wilhelmine von Brandenburg-Bayreuth voller Entzücken gerufen haben, als sie die Gegend in der Fränkischen Schweiz erblickte. Daher ließ Markgraf Friedrich das Dorf Zwernitz im Jahr 1746 kurzerhand in Sanspareil umbenennen. Die Burg setzte er instand, die Wälder ringsum nutzte er für die Jagd. Für seine Frau und ihre Hofdamen ließ er einen Felsengarten anlegen.
Felsengarten ganzjährig geöffnet, Eintritt frei

Auf **Burg Zwernitz** befindet sich eine Dauerausstellung zum höfischen Jagdwesen in den beiden Markgrafentümern Ansbach und Bayreuth im 18. Jahrhundert. Für Kinder gibt es spannende Mitmachstationen zu den Themen Jagd und Rittertum. Dazu gehört ein von Schülern erstellter Audioguide.
April bis September 9-18 Uhr, 1.-15. Oktober 10-16 Uhr, montags geschlossen. Achtung: von Mitte Oktober bis März geschlossen

### Erleben

Das **Pferdeparadies Sanspareil** veranstaltet regelmäßig Familienerlebnistage wie Pony & Pizza, Pony & Pauken, Geburtstagsfeiern oder Reiterfreizeiten für Kinder und für Erwachsene. Übernachten kann man dort auch: Es gibt ein großes Bettenlager und eine Ferienwohnung.
Sanspareil 19, Wonsees
pferdeparadies-sanspareil.de

### Essen

Ganzjährige Einkehrmöglichkeiten befinden sich in den umliegenden Ortschaften Wonsees, Großenhül und Schirradorf. Wirtinnen und Wirte sind fränkische Originale und versorgen ihre Gäste mit einer ganzen Palette liebevoll zubereiteter Bratenspezialitäten, Brotzeitplatten oder süßen Leckereien. Allein der **Wonseeser Marktplatz** ist ein wahres Schlaraffenland.

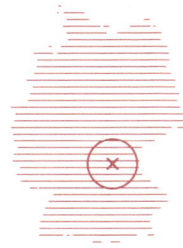

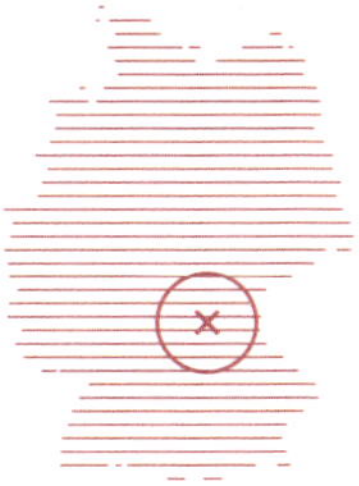

Mit dem Auto auf der A70 Ausfahrt Schirradorf, dann Richtung Sanspareil, in Sanspareil der Beschilderung bis zum Pferde-, Pony- und Eselparadies folgen.

Adriane ist freie Journalistin und schreibt auf ihrem Reiseblog globestories.com Geschichten über ungewöhnliche Erlebnisse und Menschen.

# In der Lebkuchencity

VON NINA SOENTGERATH

Es duftet nach Lebkuchen, Glühwein und Rostbratwürsten. Auf dem Balkon der Frauenkirche erscheint das Christkind und eröffnet den Nürnberger Christkindlesmarkt. Kinderaugen strahlen mit unzähligen Lichtern um die Wette.

Weltberühmt ist der Nürnberger Weihnachtsmarkt, daher nun wahrlich kein Geheimtipp mehr. Aber ein Besuch zur Weihnachtszeit in der fränkischen Metropole lohnt sich trotzdem, zum Beispiel um sich durch Nürnbergs beste Lebkuchen zu kosten.

### Lebkuchen

Hier werden Lebkuchen handwerklich und auf höchstem geschmacklichen Niveau hergestellt:

Ein 3,5 Zentimeter dicker Elisen-Lebkuchen (tolle Haselnuss- und Karamellnote) ist die Spezialität der **Confiserie Neef**.
Winklerstraße 29, confiserie-neef.de

Hinter **Tres Aromas** stecken zwei Köche und ein Konditor. Hier verschmelzen die Künste des Würzens und Backens mit dem traditionellen Handwerk des Lebküchlers. Sie entwickeln ungewöhnliche Kompositionen wie *Olive Noir* oder *Oriental*. Ihr Stammhaus ist das **Essigbrätlein Restaurant**.
Weinmarkt 3, tresaromas.de

In einem Hinterhof versteckt sich die unscheinbare **Bäckerei Mirus**, die ausschließlich zur Wintersaison geöffnet hat und die vielleicht besten Lebkuchen der Stadt backt. Die Nachfrage ist groß, manchmal sind nachmittags nur noch *Naggerdn* (ohne Schokoüberzug) übrig.
Pirckheimer Straße 101

Die Illustratorin Nina gründete reisehappen.de, einen Travel- und Foodblog für Reisesüchtige mit einem Hang zu Kunst und den schönen Dingen des Lebens.

### Rostbratwürste

Die besten Nürnberger Rost-
bratwürste gibt es unterhalb der
Sebalduskirche. Seit 1313 werden
sie hier auf Buchenholzfeuer ge-
grillt. Auf die Hand bestellt man
*Drei im Weggla*, darauf kommt
Senf, bloß kein Ketchup!
Für den großen Hunger setzt
man sich gemütlich ins Brat-
wursthäusle und bestellt 12 mit
Sauerkraut oder Kartoffelsalat
und Meerrettich. Diese werden
dann auf dem Zinnherz serviert.
Rathausplatz 1

### Ausblick

Den besten Ausblick auf die Altstadt und die Nürnberger Burg
genießt man vom **Oberdeck des
Adlerparkhauses** – und das völlig
kostenlos.
Adlerstraße 4

### Schlafen

Das **Hotel Elch Boutique** liegt
mitten in der Altstadt. Bereits
seit 1342 gab es in dem alten
Fachwerkhaus in Burgnähe eine
Herberge. Heute verbindet man
hier historisches Ambiente mit
modern-urbanem Schick.
Irrerstraße 11, Doppelzimmer ab 89 Euro
hotel-elch.eu

### Spielen

Seit mehr als 600 Jahren
ist Nürnberg eine Stadt des
Spielzeugs. Schon im Mittelalter
waren die Puppenmacher der
Stadt bekannt, später kamen
Blechspielzeugfabrikanten und
Zinnfigurenhersteller dazu.

Das **Spielzeugmuseum** widmet
sich diesem reichen kulturellen
Erbe.
Karlstraße 13-15, Dienstag bis Freitag
10-17 Uhr, Samstag und Sonntag 10-18 Uhr
6 Euro/1,50 Euro
spielzeugmuseum-nuernberg.de

### Szeneviertel

Das Viertel **Gostenhof** am Rand
der Altstadt ist noch immer ein
Geheimtipp. Fernab des Mainstream schlendert man hier vorbei an Streetart, Designer-Shops
und Vintage-Läden. In *GoHo* sind
die coolsten Restaurants und
Cafés der Stadt, wie etwa die
**Kaffeemanufaktur Machhörndl**,
die auch regelmäßig Schulungen
und Verkostungen anbietet.
Obere Kieselbergstraße 13
machhoerndl-kaffee.de

Ein großartiges Frühstück gibt
es im **Café Mainheim.**
Bauerngasse 18

Aey und Benno servieren im
**Regenzeit** thailändische Nudel-
suppen – die besten außerhalb
Bangkoks, finde ich!
Willstraße 5

### Lichterfeste

Von Ende November bis Anfang
Januar finden in zahlreichen
Dörfern und Städtchen in der
Fränkischen Schweiz die traditionellen **Lichterfeste** mit dem
Beschluss der ewigen Anbetung
statt. Dabei verwandeln sich die
Felsen der Fränkischen Schweiz
in ein Flammenmeer. Höhepunkt
ist das Lichterfest in Gößwein-
stein am 26. Dezember.
fraenkische-schweiz.de

Mit der NürnbergCard
bekommt man zwei
Tage lang freien Eintritt
zu allen Museen und
Sehenswürdigkeiten in
Nürnberg und Fürth.
Darüber hinaus kann
man die öffentlichen
Verkehrsmittel im
Stadtgebiet nutzen.
Preis: 28 Euro, Voraus-
setzung ist eine Über-
nachtung in Nürnberg.

# Her mit den Höckern!

VON SALLY WILKENS

Der Gang der Tiere ist so gewöhnungsbedürftig wie ihr Anblick im tiefen Bayern. Aber wer einmal oben sitzt, will nicht mehr runter.

Unter mir knirscht der Schnee, und schon nach wenigen schaukeligen Schritten auf dem Rücken der Stute Leila hat mich das bayerische Winterwunderland eingelullt. Die Berge sehen aus, als hätte man sie mit Puderzucker bestreut, der Fluss Mangfall, der diesem Tal seinen Namen leiht, trotzt plätschernd der klirrenden Kälte und die dunklen Buchenwälder liegen verwunschen da, als würden sich darin Hänsel und Gretel verstecken.

Aus meiner Fantasie reißt mich der Anblick eines Spaziergängerpaares in Funktionskleidung, das mich anstarrt, als wäre ich die böse Hexe. Dabei sitze ich nur auf dem Rücken eines Kamels. Vor mir reitet Konstantin Klages auf Hengst Kamal: „Obwohl wir hier schon seit mehr als zwanzig Jahren mit unseren Tieren unterwegs sind, gibt es immer noch diese überraschten Blicke von Menschen, die wohl an eine Fata Morgana glauben", sagt der Betreiber des Kamelhofs, der 30 Kilometer südlich von München liegt.

Sobald der erste Schnee fällt, sind die Tiere in ihrem Element. Stoisch trotzen sie den Naturgewalten, ob eisigem Wind oder beißendem Sandsturm, und verwandeln so das Mangfalltal in die weiße Wüste Bayerns.

### Kamelreiten

Etwa eineinhalb Stunden dauert der Ausritt auf Wald- und Wiesenwegen durch das Mangfalltal. Reiten dürfen Jung und Alt, und Ausflüge sind sowohl allein als auch in einer Gruppe möglich. Wenn man trockenes Brot, Äpfel oder Karotten mitbringt, kann man die Tiere auch unter Aufsicht des Guides füttern.

### Der Kamelhof

Über 30 Kamele, zahlreiche Lamas, Esel, Pferde, Alpakas und Ziegen leben auf dem Kamelhof. Aber das ist nicht alles: Ein beheiztes Beduinenzelt, Teepavillon, Kamelmuseum, Indoor-Spielplatz, Kino, Kiosk, Basar mit Jurte, Streichelzoo, Esel-Stadl und ein Erlebnispfad befinden sich auf dem großen Gelände.
Rosenheimer Straße 4, Valley
Dienstag bis Sonntag 9-18 Uhr, bayern-kamele.de

### Was gibt es sonst noch?

Wer noch nicht genug hat von wolligen Vierbeinern, der sollte einen Ausflug in den **Bergtierpark Blindham** machen. Wunderschön gelegen gibt es hier viele Tiere zu entdecken, und selbst bei schlechtem Wetter wird es im riesigen Indoor-Spielbereich nicht langweilig.

Blindham 3, Aying, bergtierpark.de

### Etwas weiter weg

Etwa 30 Kilometer südwestlich wird gerodelt, auch ohne Schnee. Der **Blomberg Blitz** führt 1300 Meter auf Schienen bergab.

Am Blomberg 2, Bad Tölz
blombergbahn.com

### Essen & Trinken

Im **Bartewirt** ist das selbstgebraute Bier köstlich. Donnerstags kommt der Braumeister, es gibt ein Drei-Gänge-Menü mit Bierbegleitung und interessante Details zum Brauen. Anmelden!

Gruber Straße 1, Valley/Kreuzstraße
bartewirt-kreuzstrasse.de

Einen sensationellen Alpenpanoramablick gibt es beim Essen im **Berggasthof Aschbach**, nur zwei Kilometer vom Kamelhof entfernt.

Aschbach 3, Feldkirchen
aschbacher-hof.de

Von München mit der S7 bis Station „Kreuzstraße". Wer mit mindestens zehn Personen anreist, wird auf Anfrage von der S-Bahn abgeholt.

# Rodeln with a view

VON MELANIE SCHILLINGER

Traumhaft schönes Bergpanorama mit dem winterlichen Tegernsee zu Füßen: Rodeln am Wallberg lässt nicht nur Kinderherzen höher schlagen.

Heute ist ein Wintertag wie aus dem Bilderbuch. Die Sonne strahlt von einem vollkommen wolkenlosen Himmel und lässt die verschneite Landschaft leuchten und glitzern. Alles, wirklich alles, ist eingehüllt in eine dicke Schneedecke: die majestätischen Tannen, das kleine Wallberg-Kircherl oben auf dem Gipfel und auch die gesamte Rodelbahn. Ich bin früh dran und werde gleich als eine der ersten meine Spuren im frisch präparierten Schnee hinterlassen. Weit unter mir, am Fuße des Wallbergs, liegt das Tegernseer Tal, malerisch eingerahmt von den bayerischen Alpen. Auch dort unten bedeckt die Schneedecke See, Straßen, Wiesen und Felder.

Minuten später gleiten die Kufen meines Schlittens mühelos durch das pudrige Weiß. Um mich herum ist es vollkommen still, der frische Schnee der Nacht schluckt alle Geräusche.

„Ich möchte gar nicht unten im Tal ankommen, am liebsten immer weiterfahren. Die Luft ist kalt und klar. Ich genieße den Fahrtwind. Ein Lächeln macht sich auf meinem Gesicht breit."

Melanie Schillinger, goodmorningworld.de

### Rodeln

Die malerische Naturrodel-
bahn am Wallberg ist stolze 6,5
Kilometer lang und gehört damit
zu den **längsten Rodelbahnen
Deutschlands**. Rund eine halbe
Stunde dauert die Abfahrt ins
Tal. Hinauf kommt man mit der
Wallbergbahn in Rottach-Egern
in nur zehn Minuten. Das Wall-
bergplateau liegt auf 1620 Meter
Höhe, zum Wallberg-Kircherl,
dem über hundertjährigen
Wahrzeichen des beliebten Aus-
flugsberges, sind es nur einige
hundert Meter zu Fuß.

Wallbergstraße 26, Rottach-Egern
Rodelbetrieb täglich 8.45-15.30 Uhr
Eine Bergfahrt kostet 11 Euro, mit Sammel-
karten günstiger. Leihschlitten für 5 Euro
wallbergbahn.de/winter

### Skifahren

Der Betrieb der Skilifte wurde
eingestellt, jedoch ist der
Wallberg nach wie vor eine
Attraktion für sehr versierte
Skifahrer und Snowboarder.
Achtung, nichts für Anfänger!

### Essen

Ausgezeichnete regionale
Küche gibt's im **Panorama-
restaurant auf dem Wallberg**.
Die 270-Grad-Glasfront
und die gemütliche Sonnen-
terrasse verwöhnen mit einem
einmaligen Ausblick auf die
bayerischen Voralpen.

Wallbergstraße 32, Rottach-Egern
täglich 9-17 Uhr, wallberg-restaurant.de

Auf ihrem Blog
goodmorningworld.de
teilt Melanie ihre
Erlebnisse von den
schönsten Orten der
Welt.

# Die Arktis im Allgäu

VON AYLIN KRIEGER

Wie schläft es sich eigentlich in einem Iglu? Um diese Frage zu beantworten, muss man gar nicht in die Arktis reisen – die Allgäuer Alpen reichen bereits aus.

Als Kind liebte ich es, mit Decken, Stühlen und meinem Etagenbett eine Höhle zu bauen. Egal, wie unbequem das Schlaflager im Vergleich zur Federkernmatratze auch war – eine Nacht im selbstgebauten Lager machte mich einfach glücklich.

Ein bisschen fühlt man sich in solche Kindheitstage zurückversetzt, wenn man mit Heike und Stefan Koch von der Wildnisschule Allgäu unterwegs ist, um ein Iglu zu bauen. Den Wildnisexperten geht es darum, mit der Natur im Einklang zu leben, Menschen zusammenzubringen und dabei ihr Wissen zu teilen.

Wer an einer Igluexpedition teilnimmt, muss kräftig mit anpacken: Mit Schneeschuhen wandert man zwischen 30 Minuten und 1,5 Stunden zum Iglubauplatz, je nachdem, wie die Schneelage gerade ist. Dort angekommen geht es dann richtig zur Sache: Stefan führt in die Kunst des Iglubaus ein, zeigt, welche Schneekonsistenz sich eignet und wie man die Schneeblöcke so zusammensetzt, dass ein rundes Iglu entsteht. Während die Expeditionsteilnehmer in Kleingruppen (pro Iglu 2-4 Personen) ihren Schlafplatz für die Nacht bauen, bereiten Stefan und sein Team das Abendessen vor – selbstverständlich aus regionalen Zutaten über dem Expeditionskocher. Bevor man sich in seinem Iglu in den Schlafsack kuschelt, wird noch gemeinsam im Expeditionszelt gegessen.

Wer die Wildnisromantik vollends auf die Spitze treiben möchte, geht auf Expedition bei Vollmond: Mit etwas Glück leuchten dann nicht nur die Sterne, sondern auch die schneebedeckten Gipfel der Allgäuer Alpen.

### Kosten

Alle Touren werden von Heike oder Stefan persönlich geleitet. Die *24 Stunden Iglu Experience* kostet ab 139 Euro pro Person.

### Wann

Zwischen Dezember und Ende März. Tipp: Es gibt auch Termine bei Vollmond – der Preis ist derselbe. Wenn nicht genügend Schnee liegt (was die Ausnahme ist), bietet die Wildnisschule Allgäu entweder einen Ersatztermin an oder gibt das Geld zurück.

### Ausrüstung

Für Verpflegung ist gesorgt. Neben Outdoorbekleidung müssen ein warmer Schlafsack sowie eine dicke Isomatte mitgebracht werden. Beides kann auch von der Wildnisschule ausgeliehen werden (Schlafsack 15 Euro, Isomatte 10 Euro). Im Iglu liegt die Temperatur in der Nacht bei etwa 0-3 Grad.

### Fitness

Es geht bei der Igluexpedition nicht um sportliche Höchstleistungen, das Erlebnis in der Natur steht im Vordergrund. Trotzdem sollte man über eine gute Grundkondition verfügen (zum Beispiel im Sommer drei bis vier Stunden problemlos wandern können).

### Schneeschuhwanderung

24 Stunden reichen nicht? Wer sein Iglu nach nur einer Nacht noch nicht verlassen möchte, bucht die **48 Stunden Alpine Iglu Experience**: Zwischen den beiden Nächten im Iglu unternimmt man noch eine Schneeschuhwanderung in den Alpen (219 Euro pro Person).

**Wildnisschule Allgäu**
Stefan & Heike Koch
Im Bachtel 14, Oberstdorf
wildnisschule-allgaeu.de

Die Igluexpeditionen finden alle im Raum Oberstdorf in den Allgäuer Alpen statt. Der genaue Ort für den Expeditionsstart wird etwa eine Woche vor dem Termin bekannt gegeben.

# Jagd gegen Dämonen

VON ELISA MODEL

Anspannung liegt in der Luft und in den Gesichtern. Und da kommen sie schon, die finsteren Gestalten.

Zuerst donnert ein lauter Knall durch die Dunkelheit. Ich versuche zu erraten, aus welcher Straße die dumpfen Schläge kommen, das Echo in den verwinkelten Gassen macht es unmöglich. Das Geräusch von Glocken kommt hinzu. Es kündigt einen Brauch an, der mich jährlich aufs Neue fasziniert. Es ist der 6. Dezember, Nikolaus, und ich stehe in Sonthofen im Oberallgäu. Kinder rennen die Straße entlang, die Erwachsenen schauen gespannt auf die Kreuzung, halten sich krampfhaft an ihrem Glühwein fest. Ich bin aufgeregt und auch ein bisschen ängstlich.

Gruselige Gestalten offenbaren sich, umhüllt von zotteligen Fellen und Tierhäuten, die Gesichter verdeckt mit haarigen Masken. Hörner zieren die Köpfe und in den Händen halten sie lange Ruten. Es sind die Klausen, junge und unverheiratete Männer, die mit Schellen und Kuhglocken am Körper unter lautem Gebrüll die Geister des herannahenden Winters fernhalten sollen. Sie laufen ruhelos auf und ab, auf der Suche nach Dämonen und dem Bösen.

„Obwohl ich weiß, dass sich unter den Masken Menschen befinden, versuche ich den Klausen nicht zu lange ins Gesicht zu schauen. Wer nämlich nicht aufpasst, bekommt einen ordentlichen Hieb mit der Rute."

Elisa Model, takeanadvanture.com

Tradition

Das Klausentreiben geht auf die Zeit zurück, als man noch an böse Mächte glaubte. Die **Dämonen des Winters** galt es zu vertreiben, indem man furchteinflößender als sie ausschaute. Das Fest findet abends am 5. und 6. Dezember in einigen Gemeinden im Oberallgäu statt. Das größte Spektakel erlebt man in der Fußgängerzone in Sonthofen. Infos und Termine: oberallgaeu.info

Was im Allgäu die Klausen sind, sind im ostbayerischen Alpenraum die **Krampusse**. Mit noch hässlicheren Fratzen ziehen verschiedene Gruppen dort auch tagsüber durch Orte wie Bad Reichenhall und Berchtesgaden.

Essen

Wer sich vor dem Klausentreiben stärken möchte, der sollte unbedingt im **'s handwerk – craft food & beer** vorbeischauen. Dort findet man moderne bayerische Küche mit regionalen Produkten in einem schönen Ambiente. Rathausplatz 1, Sonthofen, shandwerk.de

Wandern

Bei entsprechender Witterung ist ein Besuch der **Breitachklamm** bei Oberstdorf ein lohnenswertes Ausflugsziel. Dienstags und freitags werden **Fackelwanderungen** angeboten, vorbei an Schneekristallen und Eisgebilden. Es ist keine Anmeldung erforderlich, jedoch sollte vorher recherchiert werden, ob die geführte Tour stattfindet. Klammstraße 47, Tiefenbach breitachklamm.com

Elisa wohnt im Allgäu, liebt Roadtrips und die Natur. Sie schreibt über die Liebe zum Draußensein und die Geschichten dahinter auf takeanadventure.com.

# Kurz und gut in
# München

**4** Eislaufdisco im Olympia-Eissportzentrum

**8** Botanischer Garten

*Schlosspark Nymphenburg*

**2** Eisstockschießen

Neuhausen

Das weiße Winterkleid steht München besonders gut, doch oft bleibt der Schnee aus. Das macht aber nichts, denn mit diesen 15 fabelhaften Tipps kann man die Stadt abseits der üblichen Touristenströme entdecken.

VON ANIKA LANDSTEINER

*Hauptbahnh*

Rodeln an der Bavaria **5**

**11** Gans am Wasser

*Westpark*

Sendling

*Flau*

*Luitpoldpark*

## Schwabing

**12** Friesische Teestube

*Englischer Garten*

I S A R

**13** Boazn im Ungewitter

Milchhäusl **1**

## Maxvorstadt

**3**
Eisbachwelle

**9** Gloria-Filmpalast

## Altstadt

**15** Nachtwächtertour

Trachtenvogl **10**

## Haidhausen

**14** Lothringer 13

*Ostpark*

**7** Hamam Anatolia

## Giesing

**6**
Zur Kugler Alm
im Perlacher Forst
etwa 5 km
↓

## 1. Biopunsch im Milchhäusl trinken

Das Milchhäusl direkt am Englischen Garten ist eine gastronomische Institution in München. Es gibt leckere bayerische Schmankerl, auch die Getränke sind in Bioqualität und ausgefallen – zwischen Roséglühwein und Brombeerpunsch fällt die Auswahl schwer.
Königinstraße 6, 10-22 Uhr

## 2. Eisstockschießen auf dem Nymphenburger Kanal

Sobald der Kanal am schönen Schloss Nymphenburg zufriert, kann man hier Eisstockschießen, und zwar auf rund 500 Meter Kanallänge. Wem es hier zu voll ist, der kann direkt am Schlossrondell vorbeischauen und sich dort im Eisstockschießen probieren oder Schlittschuh laufen.
Südliche Auffahrtsallee 27, 9-22 Uhr
eisstockbahnen.de

## 3. Den Surfern auf der Eisbachwelle zusehen

Das Flusssurfen wurde in München erfunden, an der Eisbachwelle neben dem Haus der Kunst. Während die meisten Touristen im Sommer den Surfern dabei zusehen, wie sie die Wellen des Eisbachs reiten, ist es im Winter nicht ganz so überlaufen – und die Surfer sind trotz der Kälte da, dann aber im Neoprenanzug.
Prinzregentenstraße, Höhe Bruderstraße

## 4. Sich retro fühlen in der Eislaufdisco

Back to the 70s! Im Olympia-Eissportzentrum wird während der Wintersaison von Donnerstag bis Samstag eine Eislaufdisco veranstaltet, die alle Retro-Herzen höher schlagen lässt. Eislaufen im Olympia-Eissportzentrum ist vor allem was für Frischverliebte und Nostalgiker.
Spiridon-Louis-Ring, Donnerstag bis Samstag 20-22 Uhr, 5,50 Euro/3,50 Euro

## 5. Rodeln an der Bavaria

Die Hänge an der kolossalen Bronzestatue Bavaria bieten, wenn es doch mal schneit, den perfekten Platz zum Rodeln. Die Abfahrt ist kurz und nicht besonders steil, daher eignet sich der Spot vor allem für Kinder. Wer länger bleibt oder später kommt, kann sich von der Bavaria aus dann noch den Sonnenuntergang ansehen.
Theresienhöhe 16

## 6. Im Perlacher Forst spazieren gehen

Der schöne Wald am Rand der Stadt ist für viele Münchner ein beliebtes Naherholungsziel. Gerade im Winter kann man die Stille genießen und mit ein bisschen Glück durch ein winterliches Schneeparadies spazieren. Es gibt verschiedene Routen und auch Einkehrmöglichkeiten, zum Beispiel die Kugler Alm.
Kugler Alm, Linienstraße 93, Oberhaching
kugleralm.de

## 7. Im Hamam Anatolia schwitzen

Manchmal reicht ein Glühwein zum Aufwärmen nicht, dann ist das Hamam Anatolia die richtige Adresse. Im türkischen Dampfbad lässt es sich wunderbar einen Tag aushalten, verschiedene Massagen gibt es ebenfalls zur Auswahl – perfekt für nasskalte Tage, die am besten drinnen verbracht werden.
Wirtstraße 1b, 11.30-21.30 Uhr, Dienstag ist Frauentag
Tagespreis 29 Euro, hamamanatolia.de

## 8. Fernweh stillen im Botanischen Garten

Wer dem Winter nichts abgewinnen kann, sollte in den Botanischen Garten fliehen und sich bei tropischen Temperaturen zwischen unzähligen Pflanzen verstecken. Verschiedene Sonderausstellungen wie die beliebte Schmetterlingsausstellung gibt es immer wieder. Angeschlossen ist auch ein Café für die Stärkung danach.
Menzinger Straße 65, 9-17 Uhr, 4,50 Euro/3 Euro

## 9. Frühstücken und Film gucken im Gloria-Filmpalast

Wie wäre es, bereits am Sonntagmorgen im Kino zu sitzen und dabei genüsslich zu frühstücken? Möglich macht das der elegante Gloria-Filmpalast mit seiner Sonntagsmatinee. Einfach in die roten Sessel fallen lassen und vor Filmbeginn das Essen bestellen, das pünktlich zur Vorstellung serviert wird. Die Auswahl der Speisen ist übertrieben, das Essen lecker.
Karlsplatz 5, ab 14,50 Euro, gloria-palast.de

## 10. Heiße Schokolade trinken im Trachtenvogl

Aus der traditionellen heißen Schokolade macht das urgemütliche Café Trachtenvogl eine kleine Wissenschaft, denn hier kann man zwischen 17 dunklen und vier hellen Sorten wählen. Wie wäre es mit Nusspraline, Birne oder Weiße Blaubeere? Dazu noch ein Stück Kuchen und ein Platz auf einem der vielen gemütlichen Sofas – fertig ist der perfekte Nachmittag.

Reichenbachstraße 47, 9-22 Uhr

## 11. Das romantische Gans am Wasser besuchen

Direkt am Mollsee im Westpark liegt das verträumte Bauwagencafé von zwei jungen Münchnern. Im Winter lockt ein beheiztes Zelt zum Einkuscheln und Entspannen, außerdem wird ein Programm angeboten, das Yoga, Kinderbasteln, Lesungen und anderes umfasst. An verregneten Tagen ist das Gans am Wasser geschlossen.

Mollsee im Westpark, 10-19 Uhr, gansamwasser.de

## 12. In die Friesische Teestube einkehren

Mitten in Schwabing geht es hoch in den Norden, denn die Friesische Teestube hält, was ihr Name verspricht. Sie geht auf die Geschichte von zwei Weltenbummlern zurück, einen Südtiroler und einen Ostfriesen, die auf Barbados Freundschaft schlossen, um dann in ihrer geografischen Mitte eine Teestube zu eröffnen. Seit 1976 werden in dem urigen Café unzählige Tees angeboten – lecker sind übrigens auch die Waffeln!

Pündterplatz 2, 10–22 Uhr

## 13. Die Boaznkultur kennenlernen

Unter Boazn versteht man eine kleine und oftmals traditionelle Bierkneipe. Gerade in München hat sich aus dem Besuch einer Boazn eine Kultur entwickelt, und toll sind vor allem die Kneipen, hinter deren Tresen Vollblutwirtinnen stehen, die was zu erzählen haben und ihr Handwerk verstehen – Charlotte aus dem *Ungewitter* ist eine von ihnen. Sie hat immer eine Lebensweisheit oder einen Witz parat.

Arcisstraße 62, Dienstag bis Samstag ab 20 Uhr

## 14. Kostenlos Kunst gucken in der Lothringer 13

An verregneten Tagen durch Kunstgalerien zu streifen macht am meisten Spaß und geht wunderbar in der Lothringer 13. In der dazugehörigen Halle wird junge Kunst ausgestellt, im sogenannten Lothringer Rroom Bücher und Magazine, welche die Ausstellungen in der Halle ergänzen.

Lothringer Straße 13, Dienstag bis Sonntag 11-20 Uhr
Eintritt frei, lothringer13.com

## 15. Eine kulinarische Nachtwächtertour machen

Ein Grund, warum so es so viele Touristen nach München verschlägt, ist die bayerische Küche. Zünftige Gerichte lassen sich am besten bei einer kulinarischen Nachtwächtertour kennenlernen, die Essen mit Geschichte und Kultur verbindet. Nach der Stärkung den Geschichten des Nachtwächters auf seiner Tour durch die Gassen der Stadt lauschen, dann zum Betthupferl erneut ins Wirtshaus einkehren – an Guadn!

Mittwoch bis Samstag 20 Uhr, Anmeldung unter stadtvogel.de

Anika reist und schreibt darüber auf ihrem Blog anidenkt.de. Seit 2017 gibt es besondere Reisegeschichten in ihrem Buch *Gehen, um zu bleiben* zu lesen, 2018 folgte ihr Romandebüt *Mein italienischer Vater*.

# Im Westen viel Neues

Mannheim hat außerhalb seiner Stadtgrenzen nicht unbedingt den besten Ruf: Hässlich, dreckig und asozial soll sie sein, diese alte Arbeiterstadt, vor allem im Vergleich mit der schillernden und kultivierten Nachbarin Heidelberg, durch deren Gassen sich Jahr für Jahr abertausende Touristen aus aller Welt vom Schloss zum Neckar schieben. Und dann sind da auch noch Xavier Naidoo und seine Söhne Mannheims, um den Ruf der Stadt vollends zu ruinieren.

Aber es lohnt sich genauer hinzuschauen. Ich könnte jetzt vom Erfindergeist der Stadt sprechen – Karl von Drais und Carl Benz, vom reichen Kulturleben oder dem Schmuckstück der Stadt, dem Wasserturm, der inmitten einer Jugendstilanlage gelegen ist – aber nein. Wir gehen in die „No-Go-Area". Als solche hat zumindest die Journalistin Düzen Tekkal den Stadtteil Neckarstadt-West in der Talkshow von Anne Will bezeichnet.

*In Mannheim weint man zweimal: wenn man kommt und wenn man geht – so lautet die Redewendung.*

EINE DEPESCHE VON RICARDA RAUSCH

Mein Café Kiosk (in einer ehemaligen Trinkhalle) ist direkt am Neumarkt, dem geografischen Herzstück des Viertels. Täglich sehe ich, was hier schief läuft: Müll auf den Straßen, eine hohe Kriminalität, Krach, Drogen, Gewalt, soziale Verwahrlosung, Mafia- und Gangaktivitäten. Diese Probleme sind zum Teil hausgemacht, wurde doch über viele Jahre hinweg ein schwieriges Milieu sich selbst überlassen.

Doch scheinen die Zeiten der Verwahrlosung vorbei zu sein. Die Stadt plant eine große Entwicklungsoffensive. Plätze sollen umgestaltet, Häuser erworben, Missstände beseitigt werden. Als großes Leuchtturmprojekt ist das Stadtarchiv 2018 in einen aufwendig modernisierten Hochbunker, das Marchivum, gezogen. Aber auch ohne städtische Interventionen ist die Neckarstadt schon seit längerem ein besonderer und bunter Stadtteil. Hier bekommt man eine Ahnung, wie Mannheim vor dem Krieg gewesen sein könnte. Die meisten anderen Stadtteile wurden in Schutt und Asche gelegt, hier lässt es sich noch durch wunderbar intakte Altbaustraßenzüge flanieren. Der größte denkmalgeschützte Bestand liegt in der Neckarstadt-West. Auch wenn es mal lauter ist, die Neckarstädter reden miteinander. Hier gibt es eine Community, Austausch, man kennt sich. Ein tolles Projekt ist der Kiez-Brunch. Mehrmals im Jahr kommt die Nachbarschaft ins Bürgerhaus zum gemeinsamen Frühstück zusammen. Jeder bringt was mit und alle werden satt. Der (noch) günstige Wohnraum lässt das kulturelle Leben gedeihen. Viele Künstler, Musiker und Kreative sind hier am Werk, die Dichte an Veranstaltungen ist enorm. Kulturelles Highlight des Jahres ist die Lichtmeile, die seit nunmehr 14 Jahren am zweiten Novemberwochenende veranstaltet wird. In Ladengeschäften, Galerien, Cafés und Bars sowie in Hinterhöfen, im Keller der denkmalgeschützten Badestätte *Altes Volksbad* oder in der Ausnüchterungszelle der Polizeiwache lässt es sich bei Konzerten, Ausstellungen, Lesungen sowie kulinarischen Köstlichkeiten und Glühwein verweilen. Getreu dem Motto *Lichtmeile* erstrahlen die Häuserfassaden in bunten Farben. Auch wir sind mit unserem Café Kiosk seit nunmehr fünf Jahren dabei und lassen uns für dieses Datum immer etwas ganz Besonderes einfallen. Jedes Jahr kommen mehr interessierte Besucher.

Mannheim schaut gespannt auf seinen Wilden Westen – zu Recht, denn hier bewegt sich was.

**Lichtmeile** Immer am zweiten Novemberwochenende. Livemusik, Tag der offenen Ateliers, Kultur für Kinder und Literatur an ungewöhnlichen Orten.
lichtmeile.de

**Kiosk** Die ehemalige Trinkhalle ist seit 2014 Café, Bar und Veranstaltungsstätte.
Alphornstraße 9, kiosk.ma

**Café Wissenbach** Schöne Oma-Konditorei in bestem Retro-Design. Frau Wissenbach bedient noch höchstpersönlich. Toller Kuchen!
Mittelstraße 55

**Altes Volksbad** Im denkmalgeschützten Keller kann man Wannenbäder und Duschkabinen besichtigen. Dazu gibt es viele Konzerte und ein buntes Programm wie Nachtflohmärkte.
Mittelstraße 42, geschichtswerkstatt.org

**Marchivum** Das Stadtarchiv residiert seit 2018 in dem restaurierten Hochbunker. Hier lässt sich die Stadtgeschichte in neuem Anstrich erleben.
Archivplatz 1, marchivum.de

**Sasas Vintage** Kultige Vintage-Boutique mit toller Auswahl und liebevoller Beratung.
Riedfeldstraße 36, sasasvintage.com

**Café Rost** Veganes und vegetarisches Restaurant mit entspannter Atmosphäre.
Pflügersgrundstraße 16, caferost.de

**Rhein Neckar Hotel** Sehr urban und direkt am Rotlichtbezirk gelegen, jedoch nette Zimmer und gute Preise.
Riedfeldstraße 107, rhein-neckar-hotel.de

**Speicher7** Wer es gediegener mag, wechselt auf die andere Seite des Neckars und residiert königlich im Designhotel mit Blick auf den Rhein.
Rheinvorlandstraße 7, speicher7.com

# Kraxeln am Kesselrand

VON MARC BENSCH

Stuttgarts Blaustrümpflerweg ist grün. Im Winter mit viel Glück auch mal weiß. Dann lässt es sich märchenhaft spazieren. Oder man kommt einfach zur Ruhe.

Das Dröhnen der Motoren in der feinstaubverseuchten Stadt, es dringt kaum noch ins Ohr, es wurde verdrängt von Vogelgezwitscher. Und das im Herzen des autogerechten Stuttgarts, der Heimat von Porsche und Mercedes. Die Topografie – Kesselform und Wald – macht's möglich. Und der Schnee natürlich, denn der absorbiert den Lärm. Ehe man es sich versieht, ist man verschluckt und will sich gar nicht mehr ausspeien lassen. Also bleibt man stehen oder lässt sich nieder, auf ein Bänkle, wie sie im Schwäbischen verniedlichend sagen. Blickt hinab auf die Stadt und das Treiben in ihr. Inmitten dieses Treibens, am Marienplatz, liegt der Start (und Endpunkt) des Blaustrümpflerwegs. Von dort an geht es steil bergauf: Über die Else-Himmelheber-Staffel, eine von mehr als 400 Treppenanlagen an den Hängen Stuttgarts, gelangt man auf die Karlshöhe, gelangt man in die Natur.

Zweieinhalb Stunden netto dauert die Rundwanderung. Wie lange man für die rund 7,5 Kilometer lange Gehstrecke wirklich brauchen will, bleibt jedem selbst überlassen. Die Halbhöhenlage ist in der baden-württembergischen Landeshauptstadt ein begehrter Ort für Schaffer und Häuslebauer. Wer auf ihren villengesäumten Wegen wandelt, für den erfüllt sich die Sehnsucht nach Ruhe. Der Blaustrümpflerweg des Schwäbischen Albvereins lädt zu Kontemplation ein.

„In der Zivilisation mit all ihren Freuden und Ärgernissen kommt man unweigerlich wieder an. Im besten Fall erholt."

Marc Bensch, buchbensch.de

### Für Bahnliebhaber

Fest integriert in das Gesamtpaket Blaustrümpferweg sind
Fahrten mit der **Seilbahn** und
der **Zahnradbahn Zacke**. Beides
ist ein Erlebnis: Die denkmalgeschützte Seilbahn, im Volksmund
wegen ihres Endpunkts Waldfriedhof *Erbschleicher-Express*
genannt, verströmt den Charme
alter Tage. Die Zacke tuckert
seit 1884 fröhlich die Weinsteige
rauf und runter.

### Für Fernseher

Das Leben im und mit dem
Kessel bringt es mit sich: An
Aussichtsplattformen mangelt
es Stuttgart nicht. Auf dem
Blaustrümpferweg kommt man
an mehreren vorbei, etwa am
Santiago-de-Chile-Platz mit
seinem weitläufigen Blick.
Wem das noch immer nicht
reicht: Zum **Fernsehturm**,
ohnehin stets am Horizont, ist
es nicht weit. So oder so wäre es
gut, ein Fernglas einzupacken.
Jahnstraße 120, 7 Euro
fernsehturm-stuttgart.de

### Essen

Das Restaurant **Wielandshöhe**
von Spitzenkoch und Literat
Vincent Klink liegt an der
Strecke.
Alte Weinsteige 71, wielandshoehe.de

Wer es lieber eine Nummer
günstiger mag: Im **L.A.
Signorina** am Marienplatz 12
gibt es fantastische Pizza. Etwas
kneipiger geht's im **Arigato** und
**Andalucia-Casamuu** um die Ecke
in der Kolbstraße 1 und 2 zu.

### Wichtig

Vor dem Einbruch der Dunkelheit sollte die Wanderung
auf dem Blaustrümpferweg
abgeschlossen sein. Die Hinweis-
schildchen mit der blauen Socke
sind bei Nacht kaum noch zu
sehen.

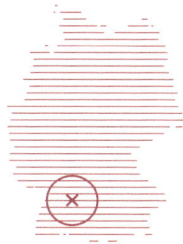

Was man braucht:
festes Schuhwerk und
ein paar Münzen. Das
eine, weil man sich auf
dem etwa 600 Meter
langen Steilstück der
Hasenbergsteige einen
sicheren Tritt wünscht
und es im Wald doch
mal matschig sein
kann. Das andere, weil
eine Fahrt mit der Seil-
bahn 1,40 Euro kostet
und die Talfahrt mit
der Zacke 2,50 Euro.

Marc schreibt, seit
er schreiben kann:
buchbensch.de

Karlshöhe

Aussichtspunkt

Arigato
Andalucia-Casamuu
L.A. Signorina

Marienplatz

Aussichtspunkt

**Heslach**

Zahnradbahn Zacke

Restaurant
Wielandshöhe

Südheimer Platz
(Talstation)

Haigst (Santiago-
de-Chile-Platz)

Seilbahn

Aussichtspunkt

Fernsehturm →

Waldfriedhof
(Bergstation)

# Cogito, ergo Ulm

VON ANNEMARIE BRÜCKNER

Seit fünf Jahren lebe ich in Ulm, doch um mich in die Stadt und ihre Menschen zu verlieben, brauchte ich gar nicht lange.

Eine inspirierende Aura herrscht hier. Ulm ist Brutstätte von Genies wie Albert Einstein und Johannes Faulhaber, und der Philosoph René Descartes musste sich erst hier aufhalten, um auf sein berühmtes „cogito, ergo sum", „Ich denke, also bin ich", zu kommen.

● Jazzclub Sauschdall

Die wache Atmosphäre spürt man auch heute, die kleine Stadt an der Donau hat ein großartiges kulturelles Angebot zu bieten – gerade in der kalten Jahreszeit. Und auch die Natur versinkt nicht im Winterschlaf: Wenn es früh dunkel und an den Flussufern zu frisch wird, um den kreischenden Möwen lange zuzuschauen, gehe ich, nachdem ich meinen Laden im Fischerviertel abgeschlossen habe, gerne in den Rosengarten (es gibt Rosen, die im Winter blühen!).

Ulm

Hauptbahnhof

Hudson Bar ●

Bi:Braud ●

Druckwerkstatt Ulm ●

Ara Syrische
Spezialitäten ●

Oh My Waffle! ●

Aegis Buchhandlung ●

Griesbadgalerie ●
Museum Ulm ●

Rosengarten ●

Zur Forelle ●

Neu-Ulm

DONAU

Edwin-Scharff-Museum ●

Untergebracht in einem der ältesten erhaltenen Gebäude Ulms, dem ehemaligen Siechenhaus, kann man den Besuch in den wechselnden Ausstellungen in der **Griesbadgalerie** mit einem ruhigen Spaziergang durch das historische Stadtviertel Auf dem Kreuz verbinden.
Seelengraben 30, griesbadgalerie.de

Die **Aegis Buchhandlung** ist die Traditionsbuchhandlung Ulms, mit anspruchsvoller Literaturabteilung, Kinder- und Reisebüchern – auch aus kleinen Verlagen wie dem Verlag des Inhabers (Topalian&Milani). Hier sitzen die Köpfe hinter dem Literatursalon, der Literaturwoche sowie der Ulmer Buchmesse, regelmäßig finden Autorenlesungen oder Verlagsvorstellungen statt.
Breite Gasse 2, aegis-buecher.de

Tolle Konzerte gibt es im **Sauschdall** oder der **Hudson Bar**. In der Hudson Bar darf im hinteren Zimmer geraucht werden, im Jazzkeller Sauschdall kann man bei Jamsessions mitmachen, es stehen Brettspiele zur Verfügung und manchmal werden themenbezogene Filme gezeigt mit anschließender Diskussionsrunde.
Prittwitzstraße 10, sauschdall.de
Ulmer Gasse 6, hudson-ulm.de

Das **Museum Ulm** liegt mitten in der Stadt in einem denkmalgeschützten Gebäudekomplex und vermittelt Kunst-, Kultur- und Designgeschichte aus 40 000 Jahren, teilweise in originalen Räumen der ehemaligen Hochschule für Gestaltung (HfG). Für die abwechslungsreichen Ausstellungen verfügen die Kuratoren über reiche Sammlungsbestände von weltkultureller Bedeutung und laden international angesehene Künstler ein.
Marktplatz 9, Dienstag bis Sonntag 11-17 Uhr, Donnerstag 11-20 Uhr, 8 Euro/6 Euro, museumulm.de

Das **Edwin-Scharff-Museum** bietet vielfältige Angebote für Kinder, Jugendliche und Erwachsene rund um die Werke des Künstlers Edwin Scharff (1887-1955).
Petrusplatz 4, Neu-Ulm, Dienstag und Mittwoch 13-17 Uhr, Donnerstag und Freitag 13-18 Uhr, Samstag und Sonntag 10-18 Uhr, 5 Euro/bis 18 Jahre frei
edwinscharffmuseum.de

In der **Druckwerkstatt Ulm** werden historische Druckmaschinen aufbewahrt – und benutzt! Künstler und Versierte können auf ihnen in alter Weise (wie es bis in die 80er Gang und Gäbe war) ihre Projekte drucken und vervielfältigen. Interessierte können immer mittwochs ab 18 Uhr einen Blick in die Druckwerkstatt werfen und die Maschinen und Techniken erklärt bekommen.
Basteistraße 46
druckwerkstatt-ulm.de

Essen

Bei **Ara Syrische Spezialitäten** bekommt man die besten orientalischen Gerichte, schnell zum Mitnehmen oder bei einer Tasse Tee. Einfach ums Münster herum in die Platzgasse einbiegen.
Hintere Rebengasse 1

**Oh My Waffle!** Frische Waffeln, süß oder herzhaft, richtig dick, wie es sich für eine anständige Waffel gehört, hübsch angerichtet und lecker!
Breite Gasse 6, ohmywaffle.de

Das Restaurant **Zur Forelle** im malerischen Fischerviertel liegt direkt am Fluss Blau mitten in der Ulmer Altstadt. Seit 1626 bietet das Zunfthaus der Ulmer Fischer Gaumenschmaus und Trinkgenuss. Hier geht es gediegen zu bei feinen, klassischen Fisch- und Fleischspezialitäten. Passt auf eure Köpfe auf! Die alten Räume tragen stolz ihre niedrigen, geschnitzten Balken.
Fischergasse 25, ulmer-forelle.de

Im **Bi:braud Restaurant** kocht Alina Bebrout leckerste Crossover-Gerichte. Die Speisekarte ist klein und sehr fein. Die Preise sind gehoben, aber der Qualität entsprechend. In diesem stilvollen Ambiente lässt sich der Abend wunderbar genießen. Am besten vorher einen Tisch reservieren – das Restaurant ist klein und beliebt!
Büchsengasse 20, bebrout.com

Annemarie ist Gründerin von *Fischerins Kleid*, einem Fair Fashion Store mit Schneiderei im Ulmer Fischerviertel. Sie veranstaltet Vorträge, Lesungen und Kulturprojekte. fischerins-kleid.de

# Von Insel zu Insel

VON JULIA SCHILLING

Wenn die Fische mit der Kälte träge werden und sich Nebel über den See legt, ist der Winter eingezogen. Schiffe werden aus dem Wasser gehoben, Hotels und Restaurants gönnen sich eine Verschnaufpause und die Promenaden fallen in den Winterschlaf. Es wird ruhig am Bodensee.

Überlingen Therme

Meersburg Therme

Bodensee Untersee

RHEIN

Konstanz

Hotel Riva

Die Wanderung

Im Sommer ist es eines der beliebtesten Fotomotive des Bodensees, im Winter kann man die **Halbinsel Wasserburg** mit etwas Glück für sich haben. Ein perfekter Startpunkt für einen Spaziergang nach Lindau, einen meiner Lieblingswege – am Ende wird man mit einem Stück Kuchen belohnt. Um eine entspannte Tour zu gehen, ohne dass einen der Hunger überrascht, empfehle ich einen Rucksack mit heißem Tee und ein wenig Proviant zu packen.

Vom Schloss in Wasserburg führt der Weg entlang der Promenade des romantischen Hafenbeckens über den Mauerweg in Richtung Reutenen. Immer mit dem Pfänder (dem Hausberg dieser Gegend) vor Augen, läuft man auf der autofreien Straße bis zum **Lindenhofpark in Bad Schachen**. Nach etwa 40 Minuten erreicht man ein schönes Plätzchen, um die erste Tasse Tee zu schlürfen und die prachtvolle

Villa auf sich wirken zu lassen. Einmal quer durch den wunderschönen Park, geht es weiter vorbei am Hotel Bad Schachen. Schmucke Villen und tolle Anwesen zieren die Straßen, bis man wieder das Ufer erreicht. Immer den Schildern *Lindau (Insel)* folgen. Die Wellen rauschen sachte und ganz ruhig an die Mauern. An einem nebelfreien Tag hat man einen wundervollen Blick auf die verschneiten Berge.

Das **Aeschacher Bad** auf Stelzen ist ein hübsches Fotomotiv, bevor uns der Weg über die Bahngleise entlang des Bahndamms hinüber auf die Lindauer Insel führt. Links liegt nun der **kleine See**. Hier wiegen sich Tretboote in Ferrari- oder Schwanenform am Bootsanleger in den sanften Wellen vor der architektonisch ausgefallenen Inselhalle. Mit der nächsten Tasse wärmendem Tee beobachte ich die Enten bei der Futtersuche im See. Nach weiteren zehn Minuten ist die **Lindauer Insel** erreicht. Egal bei welchem Wetter, eine Runde durch die Stadt mit den kleinen, mittelalterlichen Gassen muss man unbedingt gehen. Einige Gastronomien haben auch im Winter geöffnet. Wer zu einem guten Kaffee Unterhaltsames lesen möchte, der ist im **Buch-Café Augustin** in der Fischergasse 33 genau richtig. Mein persönlicher Lieblingsplatz für eine Limonade oder Weinschorle mit einem Stück Quiche oder leckerem Kuchen ist das **37 Grad** im Bahnhofsgebäude (Bahnhof 1e) mit Blick auf den Hafen. Das **Café Großstadt**, In der Grub 27, kocht sehr leckeres Essen. Wenn es draußen nass und kalt ist und die Regentropfen an die Scheiben peitschen, kann man hier gemütlich eine Suppe vernaschen. Wer für den Rückweg zu schwache Beine hat, steigt am **Inselbahnhof** in den Zug.

Um den Tag entspannt ausklingen zu lassen, empfehle ich eine der tollen Thermen in der Gegend. Die **Thermen in Meersburg** und **Überlingen** liegen direkt am See, und ganz Mutige kühlen sich nach dem Saunabad im Bodensee ab.
Uferpromenade 12, Meersburg, meersburg-therme.de
Bahnhofstraße 27, Überlingen, bodensee-therme.de

In die Berge

Wenn die Tage am See nebelverhangen sind und es kaum hell zu werden scheint, breche ich gern in die Allgäuer Sonne auf. Nach etwa 30 Minuten Fahrzeit von Lindau erreicht man **Scheidegg**, einen kleinen Ort mit tollen Panoramawegen, die einen grandiosen Blick auf die Voralpen eröffnen. Den besten Kuchen gibt es hier im **Café Margit und Fehl**.
Pfarrweg 2

Für einen Tagesausflug mit Bergluft empfehle ich **Lindenberg** und **Oberstaufen**. In Oberstaufen gibt es das **Erlebnisbad Aquaria** mit schönem Saunabereich.
Alpenstraße 5, Oberstaufen, aquaria.de

Wer seine Ski oder sein Snowboard dabei hat, der kann in dieser Gegend tolle Pisten finden. Langlaufloipen und Schlittenberge gibt es ebenfalls reichlich. Mutige Schlittenfahrer finden Nervenkitzel auf der rasanten Abfahrt vom Pfänder bis nach Bregenz.

Schlafen

Das **Mietwerk** mitten in Lindau ist ein Boutique-Hostel mit nachhaltigem Konzept und leckerem Biofrühstück.
Holderreggenstraße 11, Lindau, dasmietwerk.de

Das **Stadthotel Kleiner Berg** in Friedrichshafen bietet erschwingliche Einzel- und Doppelzimmer in sehr guter Lage.
Moltkestraße 20, Friedrichshafen, kleiner-berg.de

Das **Hotel Riva** in Konstanz ist ein modernes Hotel in einer Jugendstilvilla.
Seestraße 25, Konstanz, hotel-riva.de

Friedrichshafen
● Stadthotel Kleiner Berg

Bodensee
Obersee

Wasserburg ●        Lindau
                    ● Mietwerk Hostel
                    ● 37°Kaffeebar,
                      Buch-Café Augustin,
                      Café Großstadt

Pfänder ●

Bregenz (Österreich)

Julia reiste viele Jahre um den Globus und kehrte schließlich zu ihren Wurzeln zurück – an den Bodensee. Sie schreibt auf vierzigneunzig.de.

# Dunkle Wälder in Zuckerguss

VON ANKE UND THORSTEN SCHÖPS

Die Luft ist klar und kalt. Dick eingeschneite Tannen säumen unseren Weg. Und in der Ferne blicken wir bis zum Rand der Berner Alpen. Wir sind im Winterhimmel! Oder besser gesagt: im Baiersbronner Wanderhimmel.

Der Schwarzwald lädt ja zu jeder Jahreszeit ein. Aber am liebsten sind wir im tiefen Winter hier. Dann, wenn die Luft im Januar klirrend kalt ist und mit jedem Atemzug die Lunge von innen kühlt. Dann, wenn die Tannen dick eingeschneit sind und wie mit Zuckerguss überzogen aussehen. Dann, wenn sich die Schwarzwaldhochstraße Kurve für Kurve durch ein einzigartiges Winterwunderland schlängelt.

Wir parken am Wanderparkplatz Ruhestein und schnüren unsere Schneeschuhe. Gar nicht so einfach, wenn sich direkt neben dem Auto schon der Schnee einen guten halben Meter türmt. Los geht es bergan bis zur Skischanze am Vogelskopf und dann weiter in Richtung Schliffkopf. Soweit das Auge reicht, sehen wir verschneite Tannen, umgeben von einer unberührten Schneedecke. Die winterliche Stille wird nur von unseren knarzenden Schritten unterbrochen.

Die Wälder glitzern in der Sonne vor tiefblauem Winterhimmel. Über einen letzten sanften Anstieg nähern wir uns dem Schliffkopf, dem mit 1055 Meter höchsten Punkt unserer Wanderung, und genießen nach fünf Kilometern Schneeschuhwandern einen der schönsten Panoramablicke über den Schwarzwald. An klaren Tagen sieht man von hier über den Feldberg bis zu den Schweizer Alpen.

*„Nur Gott ist über uns* steht auf dem Gipfelkreuz – das glauben wir bei dieser Aussicht sofort."

Anke und Thorsten Schöps, moosearoundtheworld.de

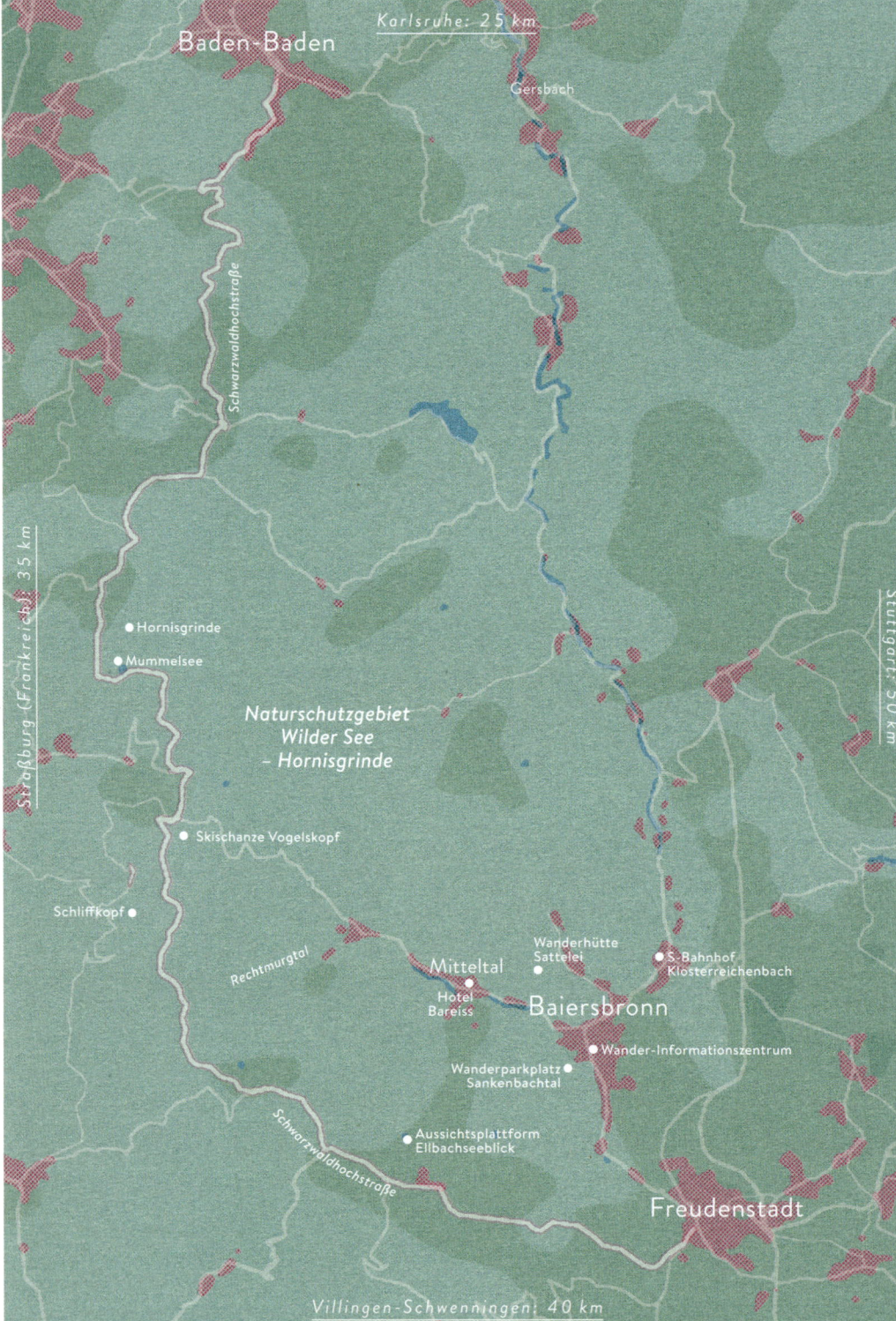

Baden-Baden

Karlsruhe: 25 km

Gersbach

Schwarzwaldhochstraße

Straßburg (Frankreich): 35 km

Stuttgart: 50 km

● Hornisgrinde

● Mummelsee

Naturschutzgebiet
Wilder See
– Hornisgrinde

● Skischanze Vogelskopf

Schliffkopf ●

Rechtmurgtal

Wanderhütte
Sattelei
●

Mitteltal
●
Hotel
Bareiss

● S-Bahnhof
Klosterreichenbach

Baiersbronn

● Wander-Informationszentrum

Wanderparkplatz
Sankenbachtal ●

Schwarzwaldhochstraße

Aussichtsplattform
Ellbachseeblick ●

Freudenstadt

Villingen-Schwenningen: 40 km

## Essen

Nach der Wanderung ist vor der zünftigen Vesper. Und die kann man im Nordschwarzwald kaum so gut einnehmen wie in der **Wanderhütte Sattelei** in Mitteltal. Unbedingt probieren: Murgtaler Wurstsalat, Schwäbische Maultaschen mit geschmälzten Zwiebeln oder die hausgemachten Fleischküchle mit Kartoffelsalat. Die Kuchen gehen hier sowieso immer.
Wanderhütte Sattelei, Baiersbronn-Mitteltal, täglich 11-17 Uhr, Sonntag 11-21.30 Uhr, bareiss.com/sattelei

## Schlafen

Luxus im idyllischen Mitteltal: Das **Hotel Bareiss** zählt als Fünf-Sterne-Superior-Hotel zu den besten in Europa. Neben dem weitläufigen Wellness- und Badebereich ist das Hotel vor allem dank seiner exzellenten Küche immer einen Besuch wert.
Hermine-Bareiss-Weg, Baiersbronn-Mitteltal, ab 205 Euro (pro Person im Doppelzimmer, Halbpension und Wellness)
bareiss.com

## Winter-Roadtrip

Von Baden-Baden bis Freudenstadt führt die 60 Kilometer lange **Schwarzwaldhochstraße**, die älteste und wahrscheinlich schönste Ferienstraße Deutschlands. Im Winter sind die Aussichten links und rechts der Strecke spektakulär. Stopps lohnen sich an der Hornisgrinde und dem Mummelsee, dem Schliffkopf und der Aussichtsplattform Ellbachseeblick.
schwarzwaldhochstrasse.de

## Winterwandern

Innerhalb des Schwarzwaldes bietet die Region um Baiersbronn zahlreiche präparierte Winterwanderwege. Außer mit Schneeschuhen kann man auch mit warmen Winterboots losstapfen. Unsere Highlights sind:

### Wanderung ins Rechtmurgtal bei Klosterreichenbach
Mit tollen Blicken auf das idyllische Örtchen Klosterreichenbach führt diese Rundwanderung durch das einsame Rechtmurgtal.
Start / Ziel: ausgeschilderter Wanderparkplatz am S-Bahnhof in Klosterreichenbach
Schwierigkeit: leicht
Strecke: Rundwanderung, ca. 7 km

### Einmal durchs Sankenbachtal
Auf breiten Pfaden schlängelt sich diese Winterwanderung ins Sankenbachtal und um den gleichnamigen See herum, der im Winter meist gefroren und mit einer dünnen Schicht Pulverschnee bedeckt ist. Die Lage ist einzigartig und verspricht herrliche Winteraussichten.
Start / Ziel: ausgeschilderter Wanderparkplatz am Ortsrand von Baiersbronn
Schwierigkeit: leicht
Strecke: Rundwanderung, ca. 11 km

### Auf zur Wanderhütte Sattelei in Mitteltal
Von Mitteltal aus geht es stetig bergan bis zur Wanderhütte Sattelei. Dabei hat man tolle Aussichten auf den Nordschwarzwald bis hinüber ins Tonbachtal. Zurück führt der schönste Weg zunächst durch den Wald und dann über die dick verschneiten Wiesen in den Ort. Nicht wundern: Geräumt ist auf den Wiesen nichts, man stapft manchmal durch knietiefen Schnee.
Start / Ziel: Ortskern Mitteltal
Schwierigkeit: leicht
Strecke: Rundwanderung, ca. 6,5 km

Wer in einem der 140 Urlaubsorte des Schwarzwalds übernachtet, erhält vom Gastgeber die Schwarzwald-Gästekarte (Kurkarte). Neben Vergünstigungen für Freizeitaktivitäten und Sehenswürdigkeiten gilt die KONUS-Kurkarte auch als Fahrschein für den ÖPNV. Mehr Infos zum Geltungsbereich: schwarzwald-tourismus.info/service/konus2

„Das Leben ist zu kurz für Irgendwann." Unter diesem Motto entdecken Anke und Thorsten seit 2010 gemeinsam die Welt: moosearoundtheworld.de.

# Die Hexen und das Feuer

Die Flammen züngelten in den dunklen Himmel. Menschen versammelten sich in dunklen Winterjacken auf dem Donaueschinger Marktplatz. Der Wind pfiff, eine Melodie spielte. Beides klang nach Winter. Gebückt schlichen die Hexen an das Feuer heran. Sie trugen gelbe Schürzen mit bunten Flicken, zogen Besen hinter sich her, hielten die Hand am Kinn, drehten sich um – sahen abgrundtief hässlich und wunderschön zugleich aus. Die Nasen groß und gebogen, mindestens eine Warze im Gesicht, schiefe Zähne, die aus den Mündern herausragten. Die Augen ausgehöhlt – dahinter funkelten echte Augen. Mit Handschuhen streichelten sie durch die Haare junger Mädchen. Wir starrten die Hexen so entrückt an wie wir in das große Feuer schauten und wagten kaum, uns zu bewegen. Der Wind blies lauter, die Melodie wurde schwerer. Ich kenne nichts Mystischeres als die alemannische Fasnacht.

Es ist noch nicht lange her, dass ich an einem kalten Freitagabend im Februar zusah, wie Hexen durch ein riesiges Feuer sprangen.

EINE DEPESCHE VON CINDY RUCH

Fasnacht ist die fünfte Jahreszeit, die so normal ist wie die anderen vier, wenn man in Südwestdeutschland aufwächst. Es ist ein großes, sechstägiges Fest, an dem alles Kopf steht. Ausgelassene Narren treffen auf frohgelaunte Passanten und gruselige Hexen. Verkleidet wird auf Umzügen, Turner-, Hexen- und Zunftbällen ausgiebig gefeiert, bevor die Fastenzeit beginnt. In Donaueschingen treiben die Schellenberg-Hexen mit dieser im Umkreis einmaligen Zeremonie den Winter aus.

Doch je weiter ich wegzog – von Tübingen bis nach Australien und nach Berlin – desto unglaubwürdiger klangen Hexengeschichten. Ja, noch heute springen Hexen durch das große Feuer. Ich muss auf alle Sinne zurückgreifen, um daraus eine Erinnerungsliste zu erstellen. Fasnacht ist nicht nur das große Hexenfeuer; Fasnacht klingt nach Peitschenschlägen, Schweizer Guggenmusik und laut ausgerufenem „Narri-Narro", riecht nach nassen Heuresten auf den Straßen und nach Lagerfeuer, schmeckt nach Werther's Karamellbonbons und mit Marmelade gefüllten Krapfen, fühlte sich oft zu kalt an für die Kleider, die uns in Nscho-tschi, Meerjungfrauen, Cowboys und Piraten verwandelten, während wir uns wünschten, für ein paar Tage das brasilianische Karnevalswetter ausleihen zu dürfen.

Fasnacht: Das war Winteraustreibung und Befreiung von der Schule am schmotschen Dunschtig, um sechs Nächte hintereinander zu feiern. Vom Straßenrand aus schauten wir mit den erstmals verkaterten Köpfen den Umzügen zu, die durch die ganze Stadt zogen, fingen die Bonbons von den glockenscheppernden Hansele und Gretele auf und versteckten uns hinter den großen Menschen, sobald die Hexen mit Strohballen, Wägelchen und Anhängern hinter ratternden Traktoren auftauchten und Mädchen suchten, um sie mit Stroh einzuseifen oder sie für eine rasante Fahrt im Drehrad zu stibitzen. Noch Tage später juckte das Stroh überall. Manchmal steckten Freunde und Klassenkameraden hinter den weiten Kleidern und Holzmasken, doch ich konnte nur versuchen, sie anhand von Körper- und Schuhgröße auszumachen. Sie gaben sich nicht zu erkennen.

Freitagabends schleichen die Hexen nun seit 1977 immer näher an das Feuer heran, bis sich die ersten trauen. Scheinbar beiläufig stoßen sie sich auf ihrem Besen ab, spreizen die Beine, so dass man die weißen, bauschigen Unterhosen sieht, und springen über die Randflammen. Die Winteraustreibung beginnt. Nicht die Hexen, sondern die Figur des Winters wird in die Enge getrieben und verbrannt. Genug der dunklen Winterjacken und der kalten, pfeifenden Winde! Mitten durch das Feuer fliegen die Hexen, schwarze Schatten, die in den Flammen verschwinden und aus ebendiesen wieder auftauchen. Hexennasen funkeln, Besenborsten glühen. Das Feuer ist heiß. Man kann den Frühling schon ahnen.

Am Aschermittwoch, fünf Tage nach dem Fasnachtsfreitag und 46 Tage vor dem Ostersonntag, liegen dann breitgetretenes Stroh, kleine Schnapsflaschen und leere Bonbonverpackungen auf den Straßen. Die Stadt ist wie leergefegt und gespenstisch still, als müsse sie sich von einem wilden Traum erholen. Die Fastenzeit beginnt. Der Winterspuk ist zu Ende.

Cindy ist Reisejournalistin, Fotografin, Übersetzerin und arbeitet in einer Buchhandlung. Seit drei Jahren wohnt sie in Berlin und reist gerne zu den Meeren, Halbwüsten und in den Schwarzwald: cakeandcamera. wordpress.com.

Waldweihnacht in Schweinhütt

# Weihnachtsmärkte

### Waldweihnacht Schweinhütt im Bayerischen Wald

Im Wäldchen zwischen Schweinhütt und Bettmannsäge gelegen, gibt es Märchenstunden am Lagerfeuer, kulinarische Spezialitäten und einen besinnlichen Krippen- und Kapellenweg. Abends kommen sogar die Perchten vorbei.

An Dezembersamstagen von 14-21 Uhr
waldweihnacht-schweinhuett.de

### Pink Christmas in München

Er ist der rosarote Stern unter den Weihnachtsmärkten Münchens: Keine Lust auf traditionellen Budenzauber und Tannengrün? Dann ist dieser Weihnachtsmarkt genau das Richtige. Lesben, Schwule und Familien fühlen sich in der freundschaftlichen Atmosphäre alle wohl und genießen das ungewöhnliche Händlerangebot und die abendlichen Shows.

Montag bis Freitag 16-22 Uhr, Samstag und Sonntag 12-22 Uhr, Showtime täglich um 19 Uhr
Stephansplatz München, pink-christmas.de

### Schokoladenfestival in Tübingen

Deutschlands größtes Schokoladenfestival *Chocolart* findet zur Vorweihnachtszeit statt und präsentiert über 100 internationale Top-Chocolatiers vor der malerischen Kulisse der Altstadt. Es gibt Schokoladen-Tastings (auch vegan) und Workshops zu eigener Schokoladenherstellung.

chocolart.de

### Mittelaltermarkt in Esslingen

In der Adventszeit werden in Esslingen die Uhren um Jahrhunderte zurückgedreht: Die Stadt erwacht im Mittelalter. Gaukler, Märchenerzähler, Feuerschlucker, Glasbläser, Besenbinder und Zundermacher zelebrieren alte Handwerkskunst. Wer mag, kann sogar im Zuber baden, Bogenschießen oder alte Tänze erlernen.

esslingen-marketing.de/weihnachtsmarkt-3

### Altdeutscher Weihnachtsmarkt in Bad Wimpfen

Bereits 1487 verlieh Kaiser Friedrich III. der Stadt Wimpfen das Privileg, vor Weihnachten einen Markt abhalten zu dürfen. Heute ist der Markt besonders für Kinder ein Highlight: Christkind und Nikolaus drehen ihre Runden über das Marktgelände, im Nikolauszimmer kann man spannenden Weihnachtsgeschichten lauschen und Vorstellungen von Kasperles Theater besuchen.

An den ersten drei Adventswochenenden jeweils Freitag bis Sonntag geöffnet
weihnachtsmarkt-badwimpfen.de

### Gut Wolfgangshof in Anwanden bei Nürnberg

An den Adventswochenenden findet in Anwanden der romantische Weihnachtsmarkt am Gut Wolfgangshof statt, ein wohlbehüteter Geheimtipp. Im Schein tausender Lichter, Kerzen und Fackeln werden in urigen Holzhütten Kunsthandwerk und Spezialitäten angeboten.

Weitersdorfer Straße 22, Zirndorf
6 Euro/1 Euro, gut-wolfgangshof.de

### Christkindlmarkt auf der Fraueninsel, Chiemsee

Der Markt findet an zwei Wochenenden statt, ist sehr gut besucht, aber lohnt sich trotzdem. Das Ambiente ist einzigartig: Man kommt nur mit dem Schiff auf die Insel und hat bei klarem Wetter Sicht auf die Chiemgauer Berge.

Alte Rathausstraße 11, Prien am Chiemsee
christkindlmarkt-fraueninsel.de

### Ladenburg bei Heidelberg

Vor Fachwerkhauskulisse ist dieser Markt ein Fest fürs Auge. Das Angebot in den rubinroten Hütten wechselt an jedem Wochenende.

An den Adventswochenenden, Freitag 17-21 Uhr, Samstag 14-21 Uhr, Sonntag 12-20 Uhr
ladenburg.de/aktuelles/weihnachtsmarkt

# Bemerkenswerte Museen

### Franz-Marc-Museum am Kochelsee
Franz Marc lebte in dieser Region, viele seiner expressionistischen Werke sind von der oberbayerischen Landschaft inspiriert. Das neue Franz-Marc-Museum setzt dies sowohl durch die offene Architektur als auch mit der regelmäßigen Neukonzipierung der Ausstellungen gekonnt in Szene. Großartig ist auch der Kinder-Audioguide und das offene Atelier für Kinder, immer sonntags 13-17 Uhr.
Franz-Marc-Park 8-10, Kochel am See
Dienstag bis Sonntag von April bis Oktober 10-18 Uhr, November bis März 10-17 Uhr, 8,50 Euro/3,50 Euro

### Neue Kunsthalle Mannheim
Die Kunsthalle wurde Anfang des 20. Jahrhunderts gegründet. Sie beherbergt heute Werke von Edouard Manet bis Francis Bacon, von Auguste Rodin über Henry Moore bis hin zu Richard Long und Thomas Hirschhorn. Mit dem Neubau, der 2018 eröffnet wurde, inszeniert sich das Museum zu einer Stadt in der Stadt mit Ausstellungskuben und Galerien, Gassen, Brücken und einem Dachgarten.
Friedrichsplatz 4, Mannheim
Dienstag bis Sonntag 10-18 Uhr, Mittwoch 10-20 Uhr
10 Euro/bis 18 Jahre frei, kuma.art

### Urgeschichtliches Museum Blaubeuren
Die Höhlen am Rande der Schwäbischen Alb zählen zu den wichtigsten prähistorischen Fundstellen der Welt. In vier Höhlen wurden aus Mammutelfenbein geschnitzte Figuren entdeckt, die während der letzten Eiszeit vor rund 40 000 Jahren entstanden sind. Sogar Musikinstrumente sind unter den Funden. Hier kann man Eiszeitkunst im Original bestaunen.
Kirchplatz 10, Blaubeuren
Dezember bis Mitte März: Dienstag und Samstag 14-17 Uhr, Sonntag 10-17 Uhr,
Mitte März bis Dezember: Dienstag bis Sonntag 10-17 Uhr, 5 Euro, urmu.de

### Albrecht-Dürer-Haus in Nürnberg
Deutschlands berühmtester Maler arbeitete zwanzig Jahre seines Lebens in diesem bestens erhaltenen Fachwerkhaus. Die Atmosphäre der Renaissance weht durch die Räume des Bürgerhauses aus der Nürnberger Blütezeit. Besonders beliebt sind die inszenierten Führungen mit Dürers Ehefrau Agnes, die eine Menge aus ihrem Alltag des 16. Jahrhunderts zu berichten weiß.
Albrecht-Dürer-Straße 39, Nürnberg
Dienstag, Mittwoch und Freitag 10-17 Uhr, Donnerstag 10-20 Uhr, Samstag und Sonntag 10-18 Uhr, während des Christkindlesmarktes auch Montag 10-17 Uhr, 6 Euro/1,50 Euro
museen.nuernberg.de/duererhaus

### Vitra Design Museum in Weil am Rhein
Ursprünglich als Privatsammlung von der Firma Vitra gedacht, wurde es schnell zu einem der führenden Designmuseen weltweit. Dabei ist nicht nur die Sammlung mit den Werken von Charles & Ray Eames, Frank Lloyd Wright oder Luis Barragán herausragend, sondern auch die gesamte architektonische Anlage mit dem Hauptgebäude von Frank Gehry. Es finden Führungen und Angebote für Kinder statt.
Charles-Eames-Straße 2, Weil am Rhein
Täglich 10-18 Uhr, 17 Euro/8 Euro
design-museum.de

### Deutsches Zweirad- und NSU-Museum Neckarsulm
Das Museum dokumentiert die komplette Geschichte des Zweirades bis heute. Man kann die Entwicklung des Fahrrades von der Drais'schen Laufmaschine zu imposanten Hochrädern verfolgen, lernt, was es mit dem Knochenschüttler auf sich hat, und nimmt im Erlebniskino auf historischen Motorrädern Platz.
Urbanstraße 11, Neckarsulm, Dienstag bis Sonntag 10-17 Uhr, 6 Euro/bis 6 Jahre frei, zweirad-museum.de

# Badespaß und Wellness

## Miramar in Weinheim

Ob Wellenbad oder Wasserrutschen für alle Altersklassen: Das Miramar bietet genug Abwechslung für einen ganzen Tag. Das Saunaparadies ist noch beeindruckender – der Außenbereich liegt an einem Badesee mit kleinem Strand. Und wer einmal die zweitgrößte Sauna der Welt erleben möchte, sollte in der Sauna Maximus Platz nehmen. Tipp: Im Wellenbad gibt es zwischen Oktober und März nach Einbruch der Dunkelheit eine Lasershow.

Waidallee 100, Weinheim
Tageskarte 19,20 Euro, mit Therme & Sauna 24,40 Euro
miramar-bad.de

## Therme Erding

Für die größte Therme der Welt ist ein Tag kaum ausreichend, um alles zu entdecken: Aus über 30 thematisierten Saunen und 300 Wellnessangeboten können die Besucher wählen. Beim Wellenbad kommt, umgeben von einer Palmenlandschaft, unweigerlich Urlaubsfeeling auf. Dazu kommt jede Menge Action im Erlebnisbad. Die 26 Rutschen sind in drei verschiedene Schwierigkeitsgrade unterteilt. Beim täglichen Wettrutschen auf der Black Mamba winken sogar attraktive Gewinne. Ganz neu im Programm: die Virtual-Reality-Rutsche.

Thermenallee 1-5, Erding, Tageskarte 33 Euro, mit Sauna 46 Euro, therme-erding.de

## Panorama Therme Beuren

Eine der schönsten Thermen Süddeutschlands. Die riesige Beckenlandschaft beherbergt sieben unterschiedlich temperierte Becken. Tipp: Einen Platz am Fenster der Panoramasauna einnehmen und über die hügelige Winterlandschaft Beurens blicken.

Am Thermalbad 5, Beuren, Tageskarte 20 Euro
panorama-therme.de

## Badeparadies Schwarzwald

Im Badeparadies ist an alles gedacht. Spaß und Action sind auf einer der 22 Hightech-Rutschen garantiert. Vor allem die Monster-Halfpipe und der Freefall, bei dem die eigene Geschwindigkeit angezeigt wird, sorgen für Adrenalinschübe. Herrlich lässt es sich im Vitalpool, im salzhaltigen Schwebebecken und der Saunalandschaft entspannen.

Am Badeparadies 1, Titisee-Neustadt
Tageskarte 35 Euro, badeparadies-schwarzwald.de

## Rupertus Therme in Bad Reichenhall

Eine Therme mit Bergblick. Die großen Glasfronten eröffnen herrliche Blicke auf das umliegende Berchtesgadener Land. Dem Mineralwasser mit gesunder Alpensole wird eine heilsame Wirkung nachgesagt. In unterschiedlich temperierten Becken lässt sich förmlich in Gesundheit baden. Die Saunalandschaft über zwei Etagen ist grandios: Es gibt Saunen mit Bergpanorama, unterschiedlichen Farb- und Klangkompositionen und ein Caldarium mit erhöhter Luftfeuchtigkeit.

Friedrich-Ebert-Allee 21, Bad Reichenhall
Tageskarte 23,50, mit Sauna 31,50 Euro
rupertustherme.de

## Aquatoll in Neckarsulm

Kinder lieben die weitläufige Piratenwelt und die genialen Wasserrutschen. Richtig ab geht es im Wildwasserkanal: Auf 71 Metern wird man hier von tosenden Wasserdüsen abwärts getrieben. Die wunderschöne Saunalandschaft mit der besonders geräumigen Panoramasauna und der 100 Grad heißen Kelosauna machen das Aquatoll zu einem runden Gesamtpaket für die ganze Familie.

Wilfenseeweg 70, Neckarsulm
Tageskarte 15,20 Euro, mit Sauna 23 Euro, aquatoll.de

# im Westen

NORDRHEIN-WESTFALEN
HESSEN
SAARLAND
RHEINLAND-PFALZ

Im Westen entdecken wir das Unbekannte vor der eigenen Haustür. In Düsseldorf, Köln und Hamm tauchen wir in ferne Kulturen ein. Doch der Winter in Westdeutschland muss auch in der Natur erlebt werden: Im Fackelschein durchqueren wir die Teufelsschlucht der Eifel und besteigen den menschenleeren Rotenfels im Licht der Morgensonne. Im Kontrast erleben wir die industrielle Facette des Ruhrpotts auf einer Haldentour.

# Westen

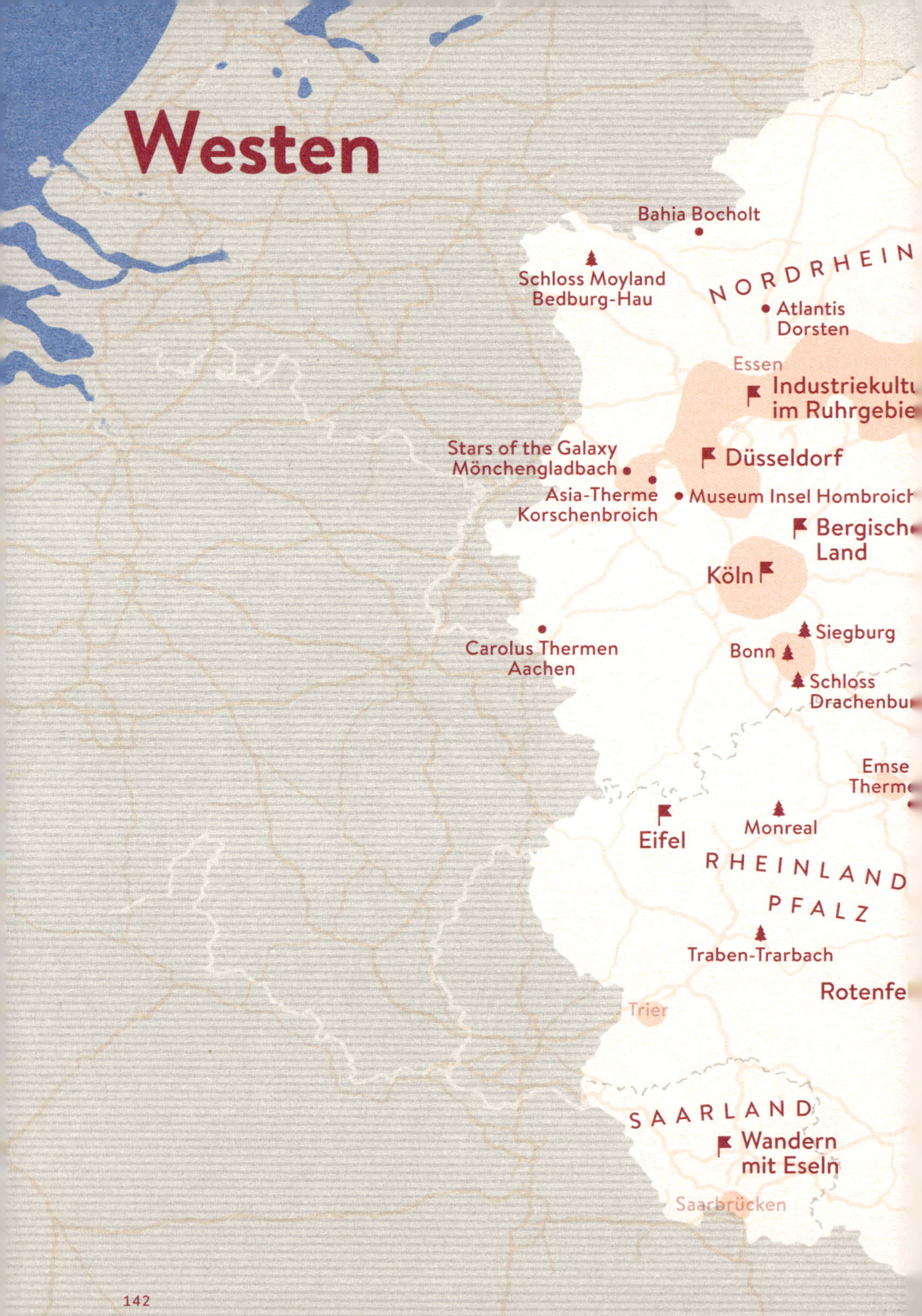
Bahia Bocholt
Schloss Moyland
Bedburg-Hau
NORDRHEIN
Atlantis
Dorsten
Essen
Industriekultu
im Ruhrgebie
Stars of the Galaxy
Mönchengladbach
Düsseldorf
Asia-Therme
Korschenbroich
Museum Insel Hombroich
Bergisch
Land
Köln
Siegburg
Bonn
Schloss
Drachenbu
Carolus Thermen
Aachen
Emse
Therme
Eifel
Monreal
RHEINLAND
PFALZ
Traben-Trarbach
Rotenfe
Trier
SAARLAND
Wandern
mit Eseln
Saarbrücken

Osnabrück

Hannover

• Marta Herford

• Kunsthalle Bielefeld

ESTFALEN

Tempel in Hamm

Paderborn

• AquaFun
Soest

Göttingen

Kassel

HESSEN

Erfurt

Gießen

🌲 Büdingen

Frankfurt am Main

• Opelvillen Rüsselsheim

Mainz

Würzburg

Rotweinwandern
in der Pfalz

Mannheim

Nürnberg

Karlsruhe

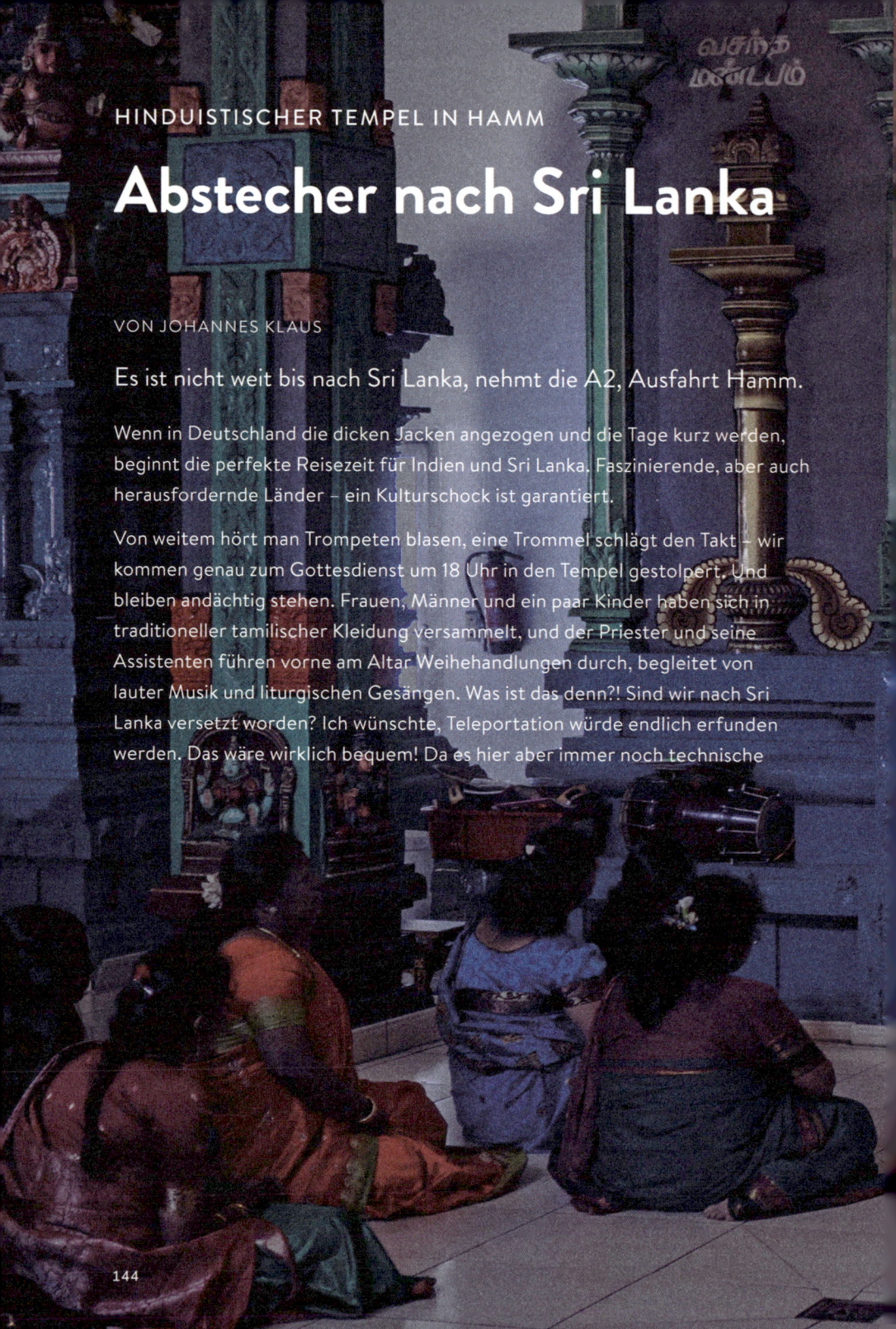

# Abstecher nach Sri Lanka

VON JOHANNES KLAUS

Es ist nicht weit bis nach Sri Lanka, nehmt die A2, Ausfahrt Hamm.

Wenn in Deutschland die dicken Jacken angezogen und die Tage kurz werden, beginnt die perfekte Reisezeit für Indien und Sri Lanka. Faszinierende, aber auch herausfordernde Länder – ein Kulturschock ist garantiert.

Von weitem hört man Trompeten blasen, eine Trommel schlägt den Takt – wir kommen genau zum Gottesdienst um 18 Uhr in den Tempel gestolpert. Und bleiben andächtig stehen. Frauen, Männer und ein paar Kinder haben sich in traditioneller tamilischer Kleidung versammelt, und der Priester und seine Assistenten führen vorne am Altar Weihehandlungen durch, begleitet von lauter Musik und liturgischen Gesängen. Was ist das denn?! Sind wir nach Sri Lanka versetzt worden? Ich wünschte, Teleportation würde endlich erfunden werden. Das wäre wirklich bequem! Da es hier aber immer noch technische

Schwierigkeiten gibt, ist eines klar: Wir sind in Deutschland, sogar in einem unspektakulären Industriegebiet der kleinen Stadt Hamm in Nordrhein-Westfalen. Doch was sich hier vor unseren Augen abspielt, ist sensationell! Der prächtige hinduistische Tempel ist der Göttin Sri Kamadchi Ampal geweiht und einer der größten in Europa. Gegründet wurde die Gemeinde von Ende der 80er Jahre aus Sri Lanka geflüchteten Tamilen.

Die Gläubigen sind wahnsinnig freundlich. Um aber in kein Fettnäpfchen zu treten, gibt es ein paar Tipps: Vor dem Haupteingang links in die kleinere Tür eintreten – dort zieht man die Schuhe aus, denn ein hinduistischer Tempel darf nur barfuß oder in Socken betreten werden. Es ist außerdem im Tempel untersagt, Alkohol zu trinken, zu rauchen und Fleisch zu essen. Die Schreine dürfen nur die Priester betreten und Handys sind auszuschalten. Fotografieren und Filmen ist meistens erlaubt.

Siegenbeckstraße 4/5, Hamm
Gottesdienste finden täglich um 8, 12 und 18 Uhr statt. Zur Besichtigung ist der Tempel von 8-14 Uhr und 17-20 Uhr offen.
hinduistische-gemeinde-deutschland.de

# Auf die Halde, fertig, los!

VON NINA HÜPEN-BESTENDONK

Rauchende Schornsteine, grauer Himmel, triste Städte: Das ist das Bild, was der Erdkundeunterricht vom Ruhrgebiet hinterlassen hat. In Wahrheit ist der Pott aber unglaublich grün, sehr lebendig und voller kultureller Highlights.

Wenn ich jemandem erzähle, dass ich beim letzten Heimatbesuch mal wieder auf Halde war, dann ernte ich meist verwirrte Blicke. Die wenigsten wissen, dass im Ruhrgebiet an die 250 Abraumhalden zu den Überbleibseln des Steinkohlenbergbaus zählen. Inzwischen wurden die ehemaligen Schutthaufen renaturiert, in öffentliche Naherholungsgebiete verwandelt und mit riesigen Kunstinstallationen bestückt. Manche hübsch und ordentlich und andere ganz wild und natürlich.

Jede Halde hat ihren eigenen Charakter, und doch haben sie alle eines gemeinsam: den Rundum-Panoramablick über das *Revier*, wie die Bewohner ihre Heimat liebevoll nennen. Diese Aussicht allein reicht schon aus, mein Herz höherschlagen zu lassen und immer wieder die Besteigung eines solchen bis zu 140 Meter hohen Berges auf mich zu nehmen. Oben angekommen, erwartet euch in den meisten Fällen noch mehr: Große Stahlpyramiden, begehbare Achterbahnen oder gigantische Amphitheater thronen hoch über den Baumwipfeln, Zechentürmen und Gasometern. Sie machen die Halden zu einem kleinen Paradies für Fotografen und Familien und den Ausflug in den Pott zu etwas ganz Besonderem.

„Etwas *auf Halde legen* kann man überall, aber *auf Halde gehen* kann man nur im Ruhrgebiet."

Nina Hüpen-Bestendonk, smaracuja.de

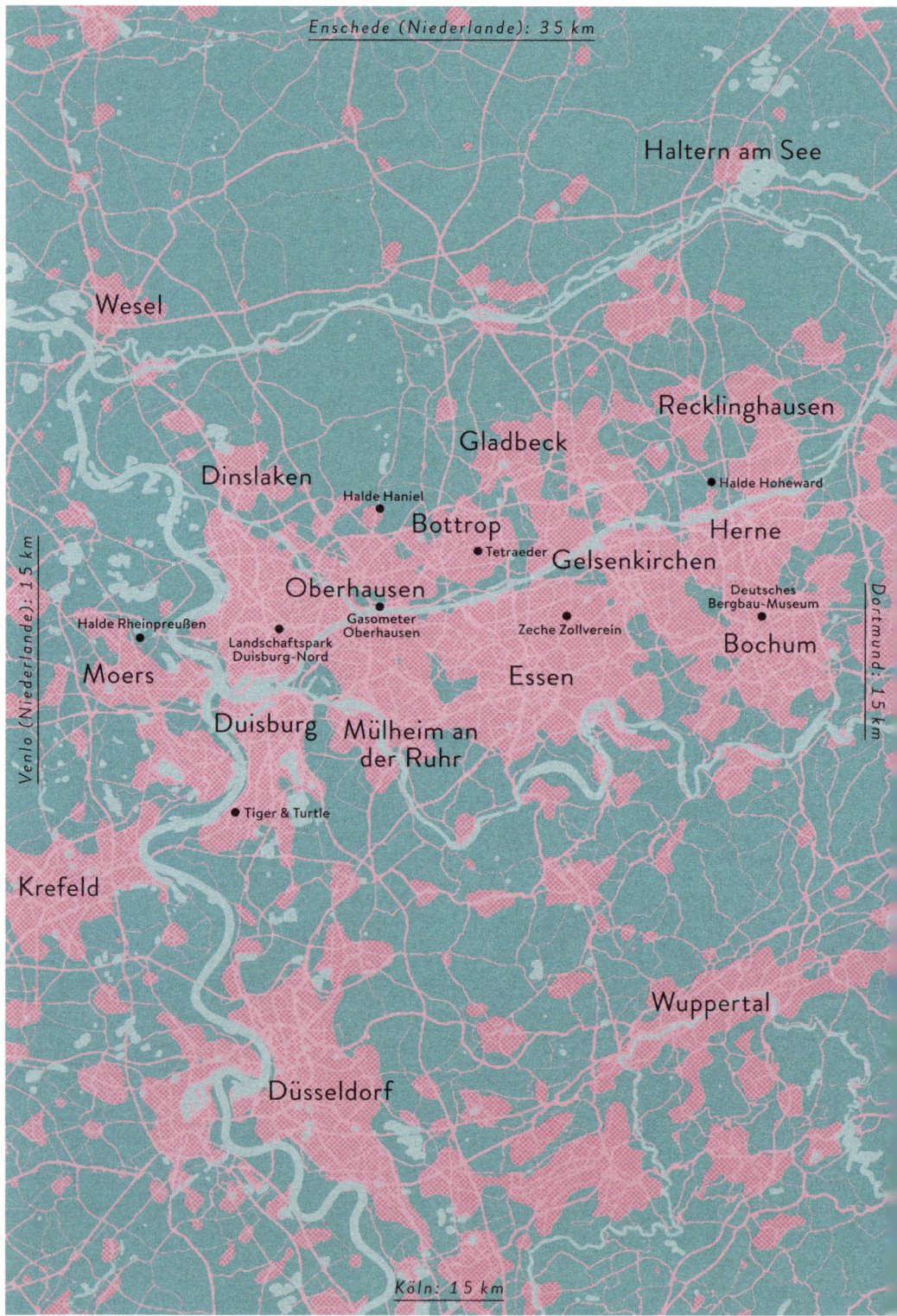

Enschede (Niederlande): 35 km

Haltern am See

Wesel

Recklinghausen

Gladbeck

Dinslaken

Halde Haniel

Bottrop

● Halde Hoheward

Herne

Tetraeder

Gelsenkirchen

Oberhausen

Deutsches
Bergbau-Museum

Halde Rheinpreußen

Gasometer
Oberhausen

Landschaftspark
Duisburg-Nord

Zeche Zollverein

Bochum

Moers

Essen

Venlo (Niederlande): 15 km

Dortmund: 15 km

Duisburg

Mülheim an
der Ruhr

Tiger & Turtle

Krefeld

Wuppertal

Düsseldorf

Köln: 15 km

### Tiger & Turtle

Hoch oben auf der **Heinrich-Hildebrand-Höhe** in Duisburg steht die wohl abenteuerlichste Halden-Attraktion: eine begehbare Achterbahn. Das 20 Meter hohe Treppengewinde **Tiger & Turtle** hat sogar einen Looping und symbolisiert Geschwindigkeit. Von weitem wirkt das Konstrukt schnell wie ein Tiger, doch in Wirklichkeit ist es nur langsam wie eine Schildkröte zu Fuß zu erleben.

Skulptur Tiger & Turtle, 90 Meter ü. NN
Ehringer Straße 117
Koordinaten: 51°22'32.04"N, 6°44'16.94"E

### Halde Haniel

Die derzeit höchste zugängliche Halde im Ruhrgebiet – und dadurch auch eine der sehenswertesten – ist die **Halde Haniel** an der Grenze zwischen Bottrop und Oberhausen. Der Aufstieg ist anstrengend, lohnt sich aber: Auf dem Gipfel befindet sich ein Krater, der mit einer bunten **Totem-Installation** aus alten Bahnschwellen gesäumt ist und in dessen Mitte ein Amphitheater eingelassen wurde.

Gipfel mit Totems, 184,9 Meter ü. NN
Koordinaten: 51°32'58.56"N, 6°52'34.78"E

### Tetraeder

Eines der wohl bekanntesten Landmarken steht auf der **Halde Beckstraße** in Bottrop: Das sogenannte **Tetraeder** auf dem Gipfel erreicht man entweder über einen Serpentinenweg oder eine Treppe mit stolzen 387 Stufen. Nach Sonnenuntergang wird die pyramidenförmige Stahlkonstruktion zu einer 60 Meter hohen Lichtinstallation, die man vom ganzen Revier aus sehen kann.

Tetraeder, 120 m ü. NN
Koordinaten: 51°31'38.77"N, 6°57'34.34"E

### Halde Hoheward

Über eine Drachenbrücke erreicht man die **Halde Hoheward** in Herten, die als Teil der Route der Industriekultur eines der bedeutendsten Wahrzeichen im nördlichen Ruhrgebiet ist. Die zwei gigantischen, runden Stahlbögen des **Horizont-Observatoriums** dienen der Beobachtung der Auf- und Untergangsorte von Sonne, Mond und ausgewählten Fixsternen, ähnlich wie bei steinzeitlichen Bauwerken wie etwa Stonehenge in Südengland. Nebenan wirft ein Obelisk seinen Schatten auf eine riesige Sonnenuhr. Hier oben pfeift der Wind ordentlich.

Observatorium, 152,5 Meter ü. NN
Koordinaten: 51°34'07.05"N, 7°10'05.25"E

### Halde Rheinpreußen

Die größte Grubenlampe der Welt leuchtet über der Zeche Moers auf der **Halde Rheinpreußen** und erinnert an das wichtigste Utensil im Bergbau. Das **Geleucht** ist zu bestimmten Zeiten tagsüber begehbar und wird von der Dämmerung bis tief in die Nacht hinein angeleuchtet. Wer sich hier geschickt anstellt, kann es auf Fotos so aussehen lassen, als würde er die knallrote Lampe in die Hand nehmen. Der Schiefe Turm von Pisa in der Pott-Version.

Geleucht, 103 m ü. NN
Koordinaten: 51°28'44.32"N, 6°39'02.32"E

Umfangreiche Auflistung aller Halden, Informationen zu Öffnungszeiten, Parkplätzen etc.:
halden.ruhr

Die Route der Industriekultur führt zu den Perlen des Ruhrgebiets, wie zum Beispiel dem Landschaftspark Duisburg-Nord, dem Weltkulturerbe Zeche Zollverein, dem Gasometer Oberhausen oder dem Deutschen Bergbau-Museum.
route-industriekultur.ruhr

Tiger & Turtle

# Little Tokyo am Rhein

VON DANIELA KLÜTSCH UND NICK REITER

Bei Dauerfrösteln und Fernweh bleibt nur eins: einen Flug in die Sonne buchen – oder sich den Geschmack der Ferne nach Hause holen. Wie wäre es mit Japan? Das liegt gleich um die Ecke, in Düsseldorf.

Auf den ersten Blick wirkt die Gegend rund um die Immermannstraße unauffällig normal. Erst bei genauerer Betrachtung entdeckt man hier und da Hinweise, die eine ganz andere Welt vermuten lassen. Asiatische Schriftzeichen über den Geschäften, bunt verzierte Werbung in den Schaufenstern, eine nicht enden wollende Schlange vor einem Nudelrestaurant, grüne Milchbrötchen beim Bäcker, ein großes rotes Tor vor dem Eingang eines Restaurants, *„Irasshaimase!"* zur Begrüßung und Stäbchen statt Messer und Gabel. Willkommen in Little Tokyo am Rhein!

Unsere Foodtour starten wir in einem der asiatischen Supermärkte. Zwischen Kimchi, Algen und Sobanudeln tauchen wir ab in eine andere Welt und decken uns mit exotischen Geschmäckern und bunt verpackten Lebensmitteln ein. Mit vollen Taschen und angeregtem Appetit geht es weiter. Zeit für ein zweites Frühstück. Nick entscheidet sich für ein herzhaftes Onigiri (die japanische Art des Sandwiches) und ich mich für ein Matcha Melon Pan (eine Art süßes Milchbrötchen). Probieren, was wir noch nie gegessen haben, auf Englisch statt auf Deutsch bestellen, bringt uns dem Gefühl, woanders zu sein, immer näher. Wir lassen uns weiter treiben entlang der Oststraße, stöbern in den kleinen japanischen Läden und lachen über uns selbst, als wir einen Manga-Comic fälschlicherweise von links nach rechts blättern.

Der Hunger treibt uns in Richtung eines Nudelrestaurants. Soba, Ramen und Udon, mal mit Miso, mal ohne, vegetarisch oder mit Fleisch. Die würzige Wärme tut gut und lässt uns träumen, wir wären viele Kilometer weit weg von zu Hause.

„Ein Kurzurlaub in Japan, ganz ohne Jetlag."

Daniela Klütsch und Nick Reiter, landlinien.de

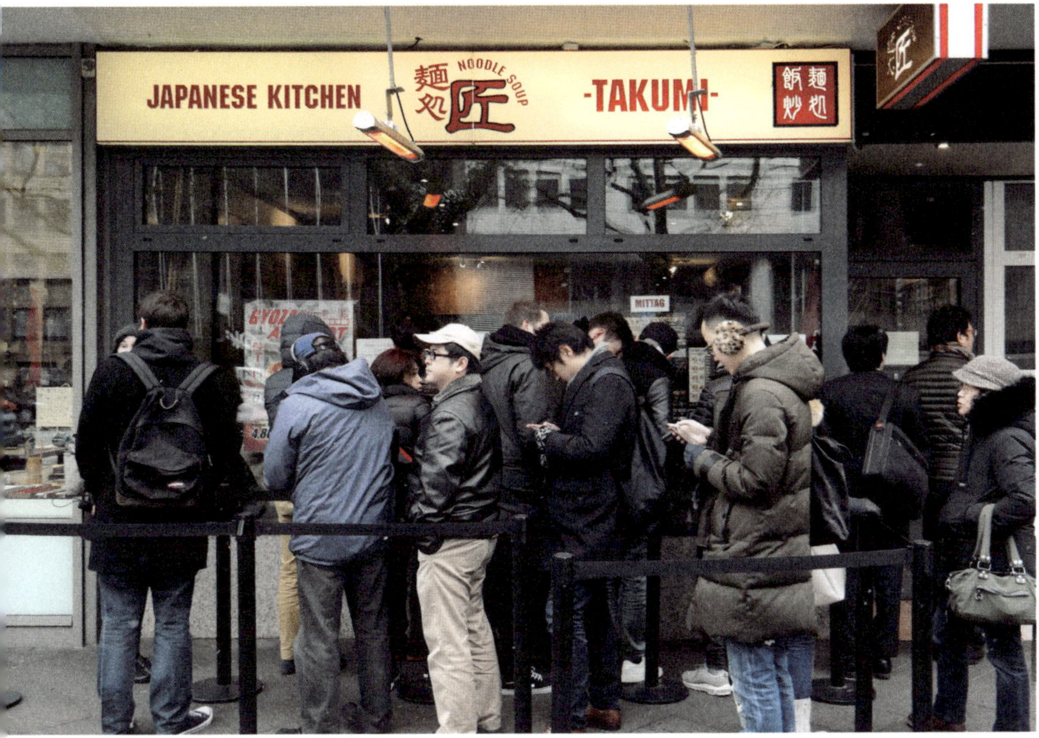

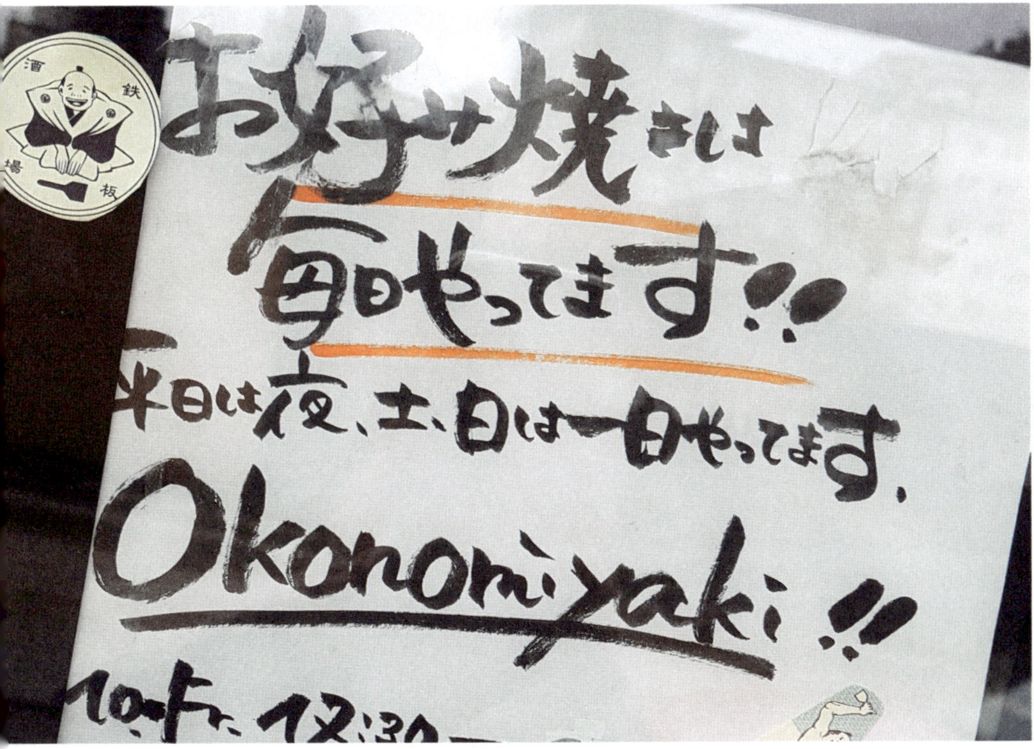

お好み焼きは
毎日やってます‼

平日は夜、土、日は一日やってます。

Okonomiyaki‼

Mo.–Fr. 12:30–

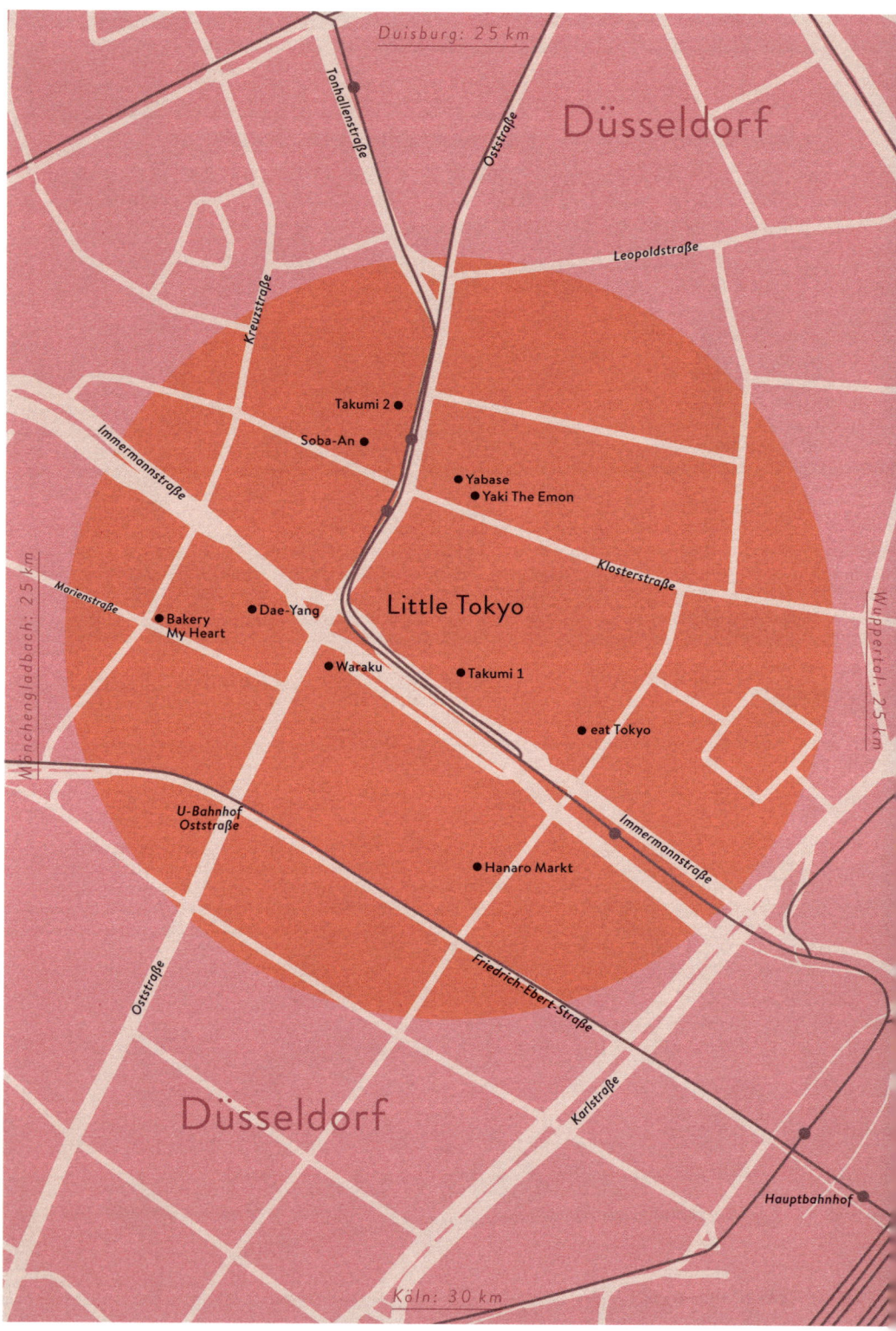

Duisburg: 25 km

Tonhallenstraße

Oststraße

Düsseldorf

Leopoldstraße

Kreuzstraße

Immermannstraße

Takumi 2

Soba-An

Yabase
Yaki The Emon

Klosterstraße

Mönchengladbach: 25 km

Wuppertal: 25 km

Marienstraße

Bakery
My Heart

Dae-Yang

Little Tokyo

Waraku

Takumi 1

eat Tokyo

U-Bahnhof
Oststraße

Immermannstraße

Hanaro Markt

Friedrich-Ebert-Straße

Oststraße

Düsseldorf

Karlstraße

Hauptbahnhof

Köln: 30 km

Im ostasiatischen Supermarkt **Hanaro** findet man eine vielseitige Mischung aus typisch japanischen und koreanischen Lebensmitteln. Eine Besonderheit ist die Frischetheke, an der man Sushi und andere frisch zubereitete Gerichte zum Mitnehmen bekommt. Tipp: Frische Mochis an der Kasse einpacken!
Immermannstraße 43, kimsasia.de

Der **Dae-Yang Supermarkt** bietet eine feine Auswahl an japanischen und koreanischen Spezialitäten. Die Produkte sind besonders gut beschriftet (auch auf Deutsch), so dass man sich bestens zurechtfindet.
Immermannstraße 21, dae-yang.de

Was in Großbritannien das Sandwich ist, ist in Japan das Onigiri. **Waraku** hat mehr als 40 verschiedene Variationen im Angebot. Die dreieckigen Reistaschen sind gefüllt mit Fisch, Gemüse oder Fleisch und können gleichermaßen zum Frühstück oder als Mittagssnack genossen werden. Tipp: Wer sich traut, sollte Onigiri mit Nato (fermentierte Sojabohnen) kosten.
Immermannstraße 27, waraku.de

Die Japaner mögen es süß und bunt. In der Bäckerei **Bakery My Heart** kann man z. B. Milchbrötchen mit süßer Crèmefüllung und grüner Farbe (vom Matcha-Tee) genießen. Tipp: Unbedingt das Matcha Melon Pan probieren!
Marienstraße 26

Im **Yaki the Emon** gibt es vor allem Fleischspezialitäten vom Grill. Die Leckereien werden auf Spießen aneinandergereiht und typisch japanisch mariniert. Tipp: Okonomiyaki (japanische Pizza) kosten!
Klosterstraße 72, brickny.com

Das **Takumi** gibt es gleich zweimal in Düsseldorf. Nicht selten muss man für eine der typisch japanischen Ramensuppen auf der Immermannstraße Schlange stehen. Aber das Warten lohnt sich: Bei Takumi kommen nur echte japanische Ramen aus Sapporo in die Schüssel.
Takumi 1: Immermannstraße 28
Takumi 2: Oststraße 51
brickny.com/takumi

Das **Soba-An** ist das einzige Restaurant seiner Art in Deutschland mit einem Angebot an frischen, handgemachten Buchweizennudeln (Soba). Man hat die Wahl zwischen *Rei soba* (kalte Nudeln mit kalter Suppe) und *On soba* (warme Nudeln mit heißer Suppe).
Klosterstraße 68, soba-an.de

Auch wenn sich Sushi schon längst in den deutschen Gefilden etabliert hat, ist es eigentlich auch für Japaner etwas Besonderes. Im **Yabase** entdeckt man diese Exklusivität auch in der Einrichtung wieder. Tipp: Einen Tisch im Tatami-Raum reservieren, man sitzt auf dem Boden.
Klosterstraße 70, yabase-ddf.com

Mit Betreten des **eat Tokyo** durch das große rote Tor landet man in einer anderen Welt. Höflich wird man auf Japanisch begrüßt und ebenso zuvorkommend bedient. Zum Lunch treffen hier Japaner, alteingesessene Düsseldorfer, Geschäftsleute und Asienfans wie wir zusammen. Von Bentobox über Miso-Suppe bis hin zu gegrilltem Aal kann man aus der Vielfalt der japanischen Küche frei wählen. Tipp: Takoyaki (Oktopusbällchen) und Miso-Aubergine.
Immermannstraße 40

Etwa 6500 Japaner leben in Düsseldorf. Das Japanische Viertel liegt in der Nähe des Bahnhofs rund um die Immermannstraße und ist etwa 40 Fußballfelder groß (30 Hektar). 1951 öffnete das erste japanische Geschäft in Düsseldorf, heute gibt es über 200 Unternehmen.

Das Ekō-Haus der Japanischen Kultur bietet Einführungen und Kurse zur traditionellen buddhistischen Kultur an und stellt die Lebensweise der Japaner vor.
Brüggener Weg 6
Dienstag bis Sonntag
13-17 Uhr
3,50 Euro/2,50 Euro
eko-haus.de

Auf landlinien.de schreiben Daniela und Nick über nachhaltiges Reisen. Nick hat eine besondere Vorliebe für asiatisches Essen und Danni für die Natur Irlands.

# Weite Sicht

VON BERNADETTE OLDERDISSEN

Meistens lohnt sich die Mühe eines Aufstiegs. Besonders, wenn die Belohnung ein Weitblick übers Bergische Land ist, bis zum Kölner Dom in der Ferne.

Schon als Kind war er das Einzige, was ich wirklich an Bergisch Gladbach mochte: der Sonnenberg. Je älter ich wurde, desto einfacher fiel mir der Aufstieg. Mittlerweile komme ich am liebsten im Winter hierher, wenn leichter oder dicker Schnee Felder und Äcker bedeckt oder Frost den Boden mit einer hauchdünnen, weißen Schicht überzieht. Die letzten Reihenhäuser und Vorgärten fallen schnell zurück, wenn es auf den Feldweg geht, der sich langsam nach oben windet. Während ich zum Gipfel wandere, endet der Alltag – und das Durchatmen beginnt.

Steil ist nur das letzte Stück des Hanges, oben lädt eine Holzbank müde Spaziergänger zum Verweilen ein. Die Bank ist so hoch, dass es kaum einer schafft, mit den Füßen den Boden zu berühren, wenn er sich bequem zurücklehnt. Doch wer braucht schon festen Boden unter den Füßen, wenn sich das Bergische Land vor einem entfaltet, lediglich begrenzt von der nur 15 Kilometer entfernten Kölner Skyline?

Am schönsten sind die kältesten Wintertage, wenn die Luft glasklar ist und sich die Doppelspitzen des Doms und der Fernsehturm vom Horizont kontrastreich absetzen. Die Metropole und mit ihr das hektische Treiben und Lärmen sind eine Welt entfernt. Dort oben, auf der Holzbank, mitten im Winterwunderland, finde ich Ruhe.

„Ganz ehrlich – am allerbesten gefällt mir der Winter in Deutschland auf dem Sofa mit einem guten Buch, viel Tee und Kerzen um mich herum."

Bernadette Olderdissen, bernadette-olderdissen.org

## Schlafen

Das **Malerwinkel Hotel** im Stadtteil Bensberg bietet gemütliche
Fachwerkhäuser und lässt echt
bergisches Bauernhoffeeling
aufkommen.
Burggraben 6
Doppelzimmer inkl. Frühstück ab 169 Euro
malerwinkel-hotel.de

Die luxuriösen Zimmer des
Fünf-Sterne-Hotels **Althoff
Grandhotel Schloss Bensberg**
haben Blick auf die Kölner
Skyline, ins Bergische Land oder
über den Schlossgarten.
Kadettenstraße
Doppelzimmer ab 185 Euro
schlossbensberg.com

In einem traditionellen
Fachwerkhaus im Naturpark
Bergisches Land, fünf Minuten
mit dem Auto von Bergisch
Gladbach entfernt, residiert
die **Pension am Alten Fronhof**.
Es gibt auch ein rustikales
Restaurant, das Gerichte des
Rheinlandes serviert.
Im Fronhof 21
Doppelzimmer mit Frühstück ab 95 Euro
am-alten-fronhof.de

## Essen

Nicht entgehen lassen sollte
man sich die beliebte Bergische
Kaffeetafel voller süßer und
herzhafter Speisen im
**Restaurant Dröppelminna**.
Herrenstrunden 3
Bergische Kaffeetafel ab 8 Personen
Vier-Gänge-Menü rund 49 Euro
restaurant-droeppelminna.de

Im **Theatercafé** kann man lecker
frühstücken und Mittag essen,
bei Sonnenschein auch draußen
auf der Terrasse.
Konrad-Adenauer-Platz 7
theatercafe-gl.de

Frühstück und selbstgemachten
Kuchen gibt es im gemütlichen
**Café Tilda**.
Laurentiusstraße 23
tilda-liederkranz.de

Wer sich etwas ganz Besonderes
gönnen möchte, bucht einen
Tisch im Drei-Sterne-Gourmet-
restaurant **Vendome im Schloss
Bensberg**.
Kadettenstraße, schlossbensberg.com

Das **Wirtshaus am Bock** ist älter
als Bergisch Gladbach, das erst
1856 die Stadtrechte erhielt:
Das Bocker Gut war bereits im
Mittelalter ein Gasthaus. Hier
gibt's traditionelle Gerichte wie
Rheinischen Sauerbraten oder
Himmel un Ääd.
Konrad-Adenauer-Platz 2
wirtshausambock.de

## Wandern

Direkt am Malerwinkel Hotel
verläuft der **Bensberger
Schlossweg**, ein 9,4 km langer
Rundwanderweg. Unterwegs
ist man etwa drei Stunden.
bergisches-wanderland.de

## Erholen

Nach Spaziergängen oder
Wanderungen im Bergischen
Land ist das **Mediterana** ein
wunderbarer Ort der Entspannung mit Saunen, heißen
Quellen, Massagemöglichkeiten
und vielem mehr, was Körper
und Geist gut tut.
Saaler Mühle 1
Täglich 9-24 Uhr, 2 Stunden ab 24 Euro
mediterana.de

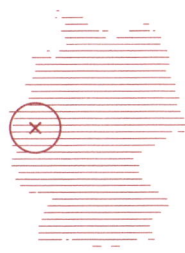

Um zum Sonnenberg
zu laufen, fährt man
am besten mit dem
Bus zur Haltestelle
„Hebborn Unter-
boschbach", läuft
wenige Meter in
Fahrtrichtung weiter
und nimmt dann die
erste Straße rechts
nach oben. So gelangt
man zum Feldweg,
der auf den Berg
führt.

Bei Anreise mit dem
Auto gibt es in der
Oberborsbacher
Straße (Voiswinkel)
einen Wanderpark-
platz.

Bernadette ist freie
Reisejournalistin
und Reiseautorin.
Ihre Abenteuer und
Eindrücke teilt sie
auf bernadette-
olderdissen.org.

# Kurz und gut in
# Köln

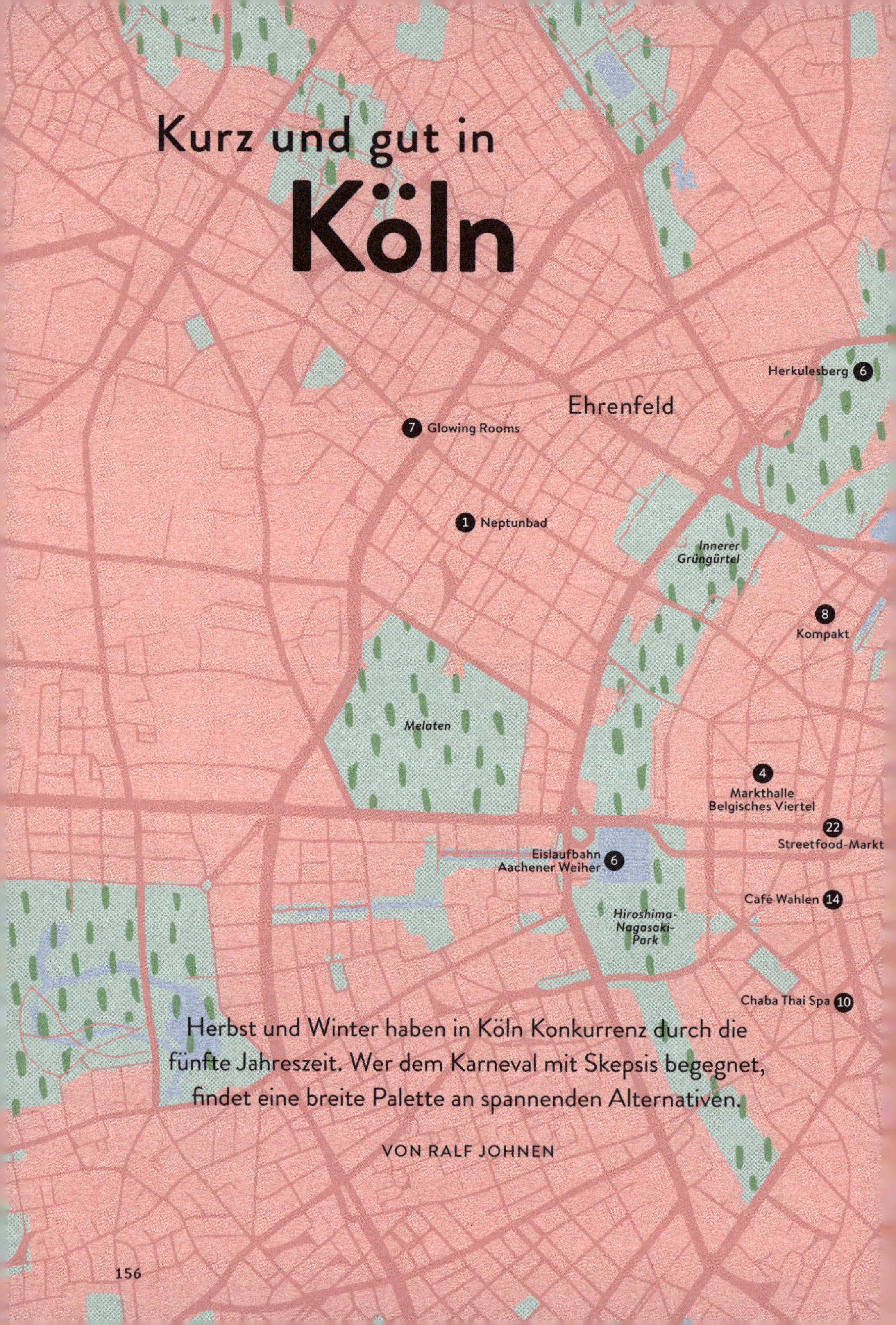

Herkulesberg **6**

Ehrenfeld

**7** Glowing Rooms

**1** Neptunbad

*Innerer
Grüngürtel*

**8**
Kompakt

*Melaten*

**4**
Markthalle
Belgisches Viertel

**22**
Streetfood-Markt

Eislaufbahn
Aachener Weiher **6**

Café Wahlen **14**

*Hiroshima-
Nagasaki-
Park*

Chaba Thai Spa **10**

Herbst und Winter haben in Köln Konkurrenz durch die
fünfte Jahreszeit. Wer dem Karneval mit Skepsis begegnet,
findet eine breite Palette an spannenden Alternativen.

VON RALF JOHNEN

Nippes

**18** Botanischer Garten

*Riehler Aue*

RHEIN

Altstadt-Nord

*Hauptbahnhof*

Museum Ludwig **13**

**19** Kölntriangle

Römisches Prätorium **21**
Eislaufbahn Alter Markt **9** **2** Groß St. Martin

**17** Köln-Düsseldorfer
Rheinschiffahrt

**20** Kölner Haie in der
Lanxess-Arena

Weinhaus Brungs **5**

**15** Hänneschen-
Theater

**16** Craft-Beer-Führung
mit Colonia Prima

Deutz

Altstadt-Süd

Hardy Kugel **12**

*ten*

### 1. Asiatische Wellness im Neptunbad

Eine asiatische Bäderlandschaft, ein japanisches Kaskadenbad und ein Zen-Garten. Dies allein reicht schon, um einen grauen Wintertag zu retten. Die historische Badeanstalt in Ehrenfeld lockt zur Abrundung mit Fitnesscenter und Restaurant.

Neptunplatz 1, Ehrenfeld
4 Stunden ab 26,50 Euro, neptunbad.de

### 2. Ruhe in den Romanischen Kirchen

Den Dom kennt jeder. Vielen Kölnern aber liegen die zwölf Romanischen Kirchen nicht weniger am Herzen. Groß St. Martin mit seinem Vierungsturm ist wichtiger Bestandteil der Skyline – und auch in der hektischen Vorweihnachtszeit ein kontemplativer, trockener und warmer Ort inmitten der City.

An Groß St. Martin 9-11

### 3. Stilübungen bei den Passagen

Während der Internationalen Möbelmesse Mitte Januar ist die Weltelite des Designs zu Gast in Köln. Parallel dazu öffnen im Rahmen der *Passagen* Geschäfte, Studios und Ateliers ihre Pforten für Besucher – Happy Hour inklusive.

Dritte Januarwoche an über 100 Orten
voggenreiter.com

### 4. Schlemmen in der Markthalle

Hier ein Snack, dort ein Gläschen Wein, ein geselliges Schwätzchen und vielleicht gleich noch die Einkäufe erledigen? Dieses südländische Konzept wird auch in Deutschland immer mehr en vogue. Köln macht mit diesem gemütlichen Treffpunkt erste Schritte.

Maastrichter Straße 45
markthalle-belgischesviertel.de

### 5. Geborgenheit im Weinhaus Brungs

Kacheln aus Delfter Blau, dunkles Holz und ein Gewölbekeller mit Resten einer römischen Mauer verleihen diesem Traditionshaus besonders in der dunklen Jahreszeit eine selten gewordene Behaglichkeit. Ein Glas samtiger Spätburgunder von der Ahr rundet das Gefühl von Geborgenheit ab.

Marsplatz 3-5, weinhaus-brungs.de

### 6. Wintersport im Grüngürtel

Die Kölner Winter gelten als mild. Außerdem ist das Stadtgebiet flach wie eine Flunder. Wenn doch einmal Schnee fällt, wird der Aachener Weiher zur Eislaufbahn und der aus Kriegstrümmern aufgeschüttete Herkulesberg zu einer Piste mit 25 Meter Höhenunterschied.

### 7. Richtig Retro

Minigolf ist ein 80er-Jahre-Ding. Die mit einer 3D-Brille unter Schwarzlicht gespielte Glow-in-the-Dark-Variante aber veredelt die Bewältigung der 18 Löcher zu einem zeitgemäßen Großstadtabenteuer.

Venloer Straße 383, Ehrenfeld
ab 10 Euro, glowingrooms.com

### 8. Mit Headset durch den Tag

Minimal-Techno ist Kölns vielleicht wichtigster Beitrag zur Kultur des 20. Jahrhunderts. Federführend dabei waren die Künstler des Kompakt-Labels, das bis heute in Köln einen Flagship-Store unterhält. Fans aus der ganzen Welt kommen zum Vinyl-Kauf und zum Probehören.

Werderstraße 15-19, kompakt.fm

### 9. Eislaufen auf dem Alter Markt

Fünf Wochen lang scheint auf jedem freien Kanaldeckel ein Weihnachtsmarkt eingerichtet zu werden. Eine Eislaufbahn aber steht nur auf dem Heumarkt. Bis Anfang Januar – und neuerdings mit Bahnen zum Eisstockschießen.

Heumarkt, ab 7 Euro, heinzels-wintermaerchen.de

### 10. Chaba Thai Spa

Eine Ganzkörpermassage hat noch nie geschadet. Bei akutem winterlichen Bewegungsmangel aber ist der harte Zugriff zertifizierter thailändischer Masseurinnen eine besondere Wohltat.

Zülpicher Platz 3-5
45 Euro für 60 Minuten, spachaba.de

### 11. „Loss mer Singe"

Die kalte Jahreszeit umfasst in Köln nicht nur Herbst und Winter, sondern auch den Karneval. Bei der Kneipentour von „Loss mer Singe" lernen die Jecken die Hits der

kommenden Session kennen. Während des Straßenkarnevals glänzen sie dann durch Textsicherheit.
lossmersinge.de

## 12. Eine ruhige Kugel schieben
Feine französische Küche – und im Restaurant eine Boule-Bahn. Mit diesem Alleinstellungsmerkmal mobilisiert das *Hardy Kugel* alle Frankreich-Freunde der Stadt.
Ubierring 58, hardy-kugel.de

## 13. Langer Donnerstag im Museum Ludwig
Picasso, Warhol – und dazu abends die Musik junger Bands, die nicht wenige Besucher zum Tanzen bringt. So lautet das Programm an allen ersten Donnerstagen des Monats. Während Kölner freien Eintritt genießen, zahlen Auswärtige für diesen doppelten Spaß nur einen reduzierten Eintrittspreis.
Heinrich-Böll-Platz, 7 Euro, museum-ludwig.de

## 14. Kaffee und Kuchen im Retro-Café
Die Zeiten von Spitzendeckchen, Kaffee aus dem Kännchen und Buttercreme-torte sind vorbei? Nicht im Café Wahlen, wo alles noch so aussieht wie zu Adenauers Zeiten.
Hohenstaufenring 64, cafe-wahlen.de

## 15. Hänneschen-Theater
Brauchtum wird groß geschrieben am Rhein. Was literarische Figuren betrifft, verkörpert dies niemand so wie Tünnes und Schäl. Die beiden Originale und andere kölsche Charaktere erwachen als Marionetten zum Leben.
Eisenmarkt 2-4, Eintritt (bei Familienvorstellungen) 13 Euro/8,50 Euro, haenneschen.de

## 16. Das original Craft Beer
Kleine, vor Ort gebraute Mengen und ein großes Aroma. So lautet das Konzept vieler Kölsch-Brauereien, die damit den Craft-Beer-Hype vorweggenommen haben. Eine Tour hilft Auswärtigen bei der Orientierung.
Ab 12 Euro, z. B. bei colonia-prima.de

## 17. Advent auf dem Rhein
Glühwein, Waffeln und ein geschmücktes Schiff. Das sind die Eckpfeiler der winterlichen Schiffstouren auf dem Rhein. An Bord der Köln-Düsseldorfer-Schiffe wirkt die Skyline zauberhaft schön.
16,80 Euro, Ende November bis 23. Dezember
kd-event.de

## 18. Südländische Illusionen
Der Botanische Garten besitzt einen kuriosen Superlativ: die nördlichste Palmenallee Europas. Ihr Anblick weiß an sonnigen Wintertagen mediterrane Fantasien zu beflügeln und nährt die Hoffnung auf den baldigen Frühlingsbeginn.
Am Botanischen Garten 1a, Riehl

## 19. Köln von oben
Letztlich führt kein Weg daran vorbei: Von der 100 Meter hohen Aussichtsplattform des Kölntriangle ist der Blick auf den Dom und die Lichter der Stadt schlichtweg atemberaubend.
Ottoplatz 1, koelntrianglepanorama.de

## 20. Ins Haifischbecken
Die Kölner Haie spielen in Europas größter Eishockeyhalle. Die Stimmung bei den Heimspielen schwankt je nach Spielstand zwischen karnevalistischer Ausgelassenheit und nüchterner Sachkenntnis. Ein Erlebnis!
Lanxess-Arena, Willy-Brandt-Platz 3, Deutz
ab 15 Euro, haie.de

## 21. Römisches Prätorium
Köln ist mehr als zweitausend Jahre alt und die römischen Gründer sind bis heute präsent. Nirgendwo ist das imposanter als tief unter der Erde im Prätorium. Die Ruinen des Statthalterpalastes sind mitten in der City in eine Betonschale eingebettet.
Kleine Budengasse 2

## 22. Meet & Eat
Alle rücken ein bisschen näher zusammen. So bleibt Kölns erster Streetfood-Markt auch im Winter gut besucht. Empanadas, Burger und andere einfache Speisen haben auf dem Rudolfplatz eine treue Gefolgschaft gefunden.
Rudolfplatz, Donnerstag 16-21 Uhr, meet-and-eat.koeln

# Ausnahmezustand

Der Ausnahmezustand hat viele Gesichter. An den sechs Tagen zwischen Weiberfastnacht und Aschermittwoch kulminiert er stets darin, dass zu viele Menschen in Verkleidungen auf den Tischen eines Lokals tanzen und lauthals Lieder mit speziellen Texten grölen. Niemand fragt sich in solchen Augenblicken, warum er sich schwitzend in einem Tierkostüm befindet und mit wildfremden Personen tanzt. Beseelt von Kölsch, beruft man sich stattdessen lieber auf den katholischen Charakter der Stadt. Und das kommt – wenigstens in diesem Zustand – in der kollektiven Wahrnehmung auch der Fähigkeit zur Vergebung gleich. Für nicht wenige beinhaltet der Karneval eine Art Generalamnestie, die sich so äußern kann, dass Ehen oder Partnerschaften kurzfristig nicht mehr zählen. Nicht wenige Beziehungsexperten denken, dass dies den Jecken für den Rest des Jahres genügt, um sich in Treue zu üben.

Trotz aller berechtigter Skepsis und dem begründeten Verdacht, einem Klischee anheimzufallen, funktioniert die Ergründung der kölschen Seele über den Karneval am besten.

EINE DEPESCHE VON RALF JOHNEN

Doch der Reihe nach: Die fünfte Jahreszeit baut konsequent auf Schnapszahlen, weshalb sie pünktlich am 11.11. um 11.11 Uhr beginnt. Nach der Sessionseröffnung in der Altstadt ziehen die Jecken erstmals in die einschlägig bekannten Hochburgen, wo sich schon der Auftakt bis tief in die Nacht hineinziehen kann. Bald nun laden die Karnevalsgesellschaften zu ihren Sitzungen. In Sälen oder Zelten sitzen die häufig mit Narrenkappen ausstaffierten Jecken auf Stühlen und Bänken, um den rhetorisch aufgeladenen Späßen von Büttenrednern zu lauschen, die knapp beschürzten Funkenmariechen bei ihren Tanzeinlagen zu beobachten oder zu etablierten Mundartformationen zu schunkeln. Diese Abende enden unweigerlich in rauschhaftem Zustand.

Im Dezember geht es ruhig zu. Doch kurz nach dem Jahreswechsel nimmt der Sitzungskarneval wieder an Fahrt auf.

Am letzten Donnerstag vor Aschermittwoch ist es endlich so weit. Ab 11.11 Uhr dürfen zunächst die Damen ran, die dieses Privileg mit der rituellen Schlipskürzung feiern. Ab diesem Moment kann der Rest der Welt getrost vergessen, seine rheinischen Geschäftspartner im Büro anzutreffen. Das öffentliche Leben liegt nun ebenso wie der Berufsalltag lahm. Nun gilt es, die Kneipe seines Vertrauens zu finden – und mitunter mehrere Stunden vor dem Lokal auszuharren, weil schon genug andere diese Idee hatten. Vom ursprünglichen Plan abzuweichen, bringt wenig, denn vor den guten Adressen herrscht überall ähnlicher Andrang. Besucher halten sich am besten an die Empfehlungen der Einheimischen – oder sie suchen die hier genannten Geheimtipps auf: den Weißen Holunder am Rande des Belgischen Viertels, das Backes oder den Mainzer Hof in der Südstadt, das Brauhaus Stüsser im Agnesviertel oder – wenn man es größer mag – die Brauhäuser von Gaffel oder Peters. Die größte Party steigt stets in der Lanxess-Arena, wo sämtliche Stars des Karnevals mit Kurzauftritten aufwarten.

Der Freitagabend verläuft ähnlich wie der vorherige Abend – meistens wird in der Südstadt am längsten gefeiert. Am Samstag dann beginnt mit den ersten Veedelszügen der Straßenkarneval. Eine Besonderheit ist der Geisterzug, der sich am Abend Jahr für Jahr einen anderen Weg durch die Stadt bahnt. Dieser Zug ist nicht nur jeck, sondern auch politisch. Initiiert wurde er als Antwort auf den Ersten Golfkrieg 1991, als alle anderen Züge abgesagt wurden.

Der Höhepunkt freilich bleibt der Rosenmontagszug, der mit aufwendig dekorierten Mottowagen und kostümierten Fußgruppen sieben bis acht Stunden lang durch Köln zieht – vorbei an Millionen Zuschauern, von denen sich nicht wenige einen Jahresvorrat an Süßigkeiten sichern.

Wer dann noch Energie übrig hat, schleppt sich am Dienstag zu den letzten Zügen – zum Beispiel nach Ehrenfeld oder in die Südstadt. In den Kneipen gilt es nun, die letzten Bons zu verbraten, ehe sich der Jeck mit der Verbrennung des Nubbels die rituelle Selbstabsolution einholt. Die Strohpuppe mit den roten Haaren wird traditionell für alle Sünden verantwortlich gemacht. Wer danach in der Fastenzeit bis Ostern die Finger von allen irdischen Versuchungen lässt, liegt bei der Selbstreinigung ganz weit vorne.

Ralf ist halber Niederländer und Vollblutrheinländer. Als gelernter Tageszeitungsjournalist verdingt er sich mit dem Schreiben von Büchern und Blogs. Am liebsten mag er Nadelwald, die Nordsee und Pinot Noir.
boardingcompleted.me

# Es war einmal ...

VON STELLA PFEIFER

Oben wartet ein nackter Mann auf mich. Der Park liegt ihm zu Füßen, unten residiert die Stadt: Kassel. Das Märchen beginnt.

Je kälter die Monate werden, desto seltener nimmt ein großes Publikum den Anstieg zum Bergpark Wilhelmshöhe in Kauf – dabei ist es dort jetzt besonders schön: Der Frost bringt das Laub zum Glitzern, die Bäume sind vom gefrorenen Tau ganz weiß, und hinter jeder Ecke schlängelt sich ein neuer Pfad undurchsichtig hoch hinauf zum nackten Wahrzeichen der Stadt. Schnell lasse ich das Schloss mit seinem ordentlichen Park hinter mir und flaniere allein durch den angrenzenden Habichtswald. Das Holz knackt unter meinen Füßen, dahinten raschelt etwas. Ein Waschbär? Dafür ist Kassel bekannt. Rotkäppchen? Auf jeden Fall ohne Wolf, da bin ich mir sicher. Meine Fantasie übernimmt schnell die Führung: Da auf der Teufelsbrücke stand sicherlich einmal Schneewittchen, Hänsel und Gretel wanderten bestimmt über diese Wege und die Sterntaler können nur hier in einer kalten Nacht vom milchstraßenklaren Himmel geregnet sein.

Komisch ist das nicht: Kassel ist Grimm-Stadt. Denn wer durch den Bergpark wandert, findet sich sofort in einer Märchenwelt wieder, die bereits die Gebrüder Grimm inspiriert hat. Diese ist weder einlullend noch gemütlich, eher geheimnisvoll und verwunschen – ein Winterabenteuer. Eines, an das man sich erinnert.

Nach der Löwenburg habe ich es fast geschafft. Eine Ecke weiter, direkt vorm Neptunbecken, drehe ich mich um – die Stadt funkelt klein und meilenweit entfernt. Noch bin ich nicht am Ziel: Vom nackten Mann, dem acht Meter hohen Herkules, trennen mich noch 885 Stufen.

„Ich atme tief durch, und ein Gedanke lässt mich lächeln: Und wenn sie nicht gestorben sind ..."

Stella Pfeifer, fuenfpluszwei.de

VIRGINIA STERRETT

Hannover: 100 km

Sababurg
etwa 25 km

Bergpark
Wilhelmshöhe

Herkules ●     ● Neptunbecken

Löwenburg ●     ● Mulang No.6

Dortmund: 135 km

Hauptbahnhof

soki ●● rotopolpress

● Grimmwelt

Feinkost Rohde ●

Kassel

Staatspark
Karlsaue

Naturschutzgebiet
Dönche

Fuldaaue

Hessisch Lichtenau: 15 km

Frau-Holle-Park
etwa 30 km

Frankfurt am Main: 150 km

### Zwei tapfere Schneiderlein

Sophie und Kira plädieren nicht nur für den Erhalt eines jahrhundertealten Handwerks, sie arbeiten dabei auch nachhaltig und kreieren aus alter Bettwäsche neue Kleidungsstücke. In ihrer kleinen Nähmanufaktur in Kassels schönstem Stadtteil Vorderer Westen verkaufen die beiden Maßschneiderinnen die tollen Unikate ihres Labels **soki**.
Friedrich-Ebert-Straße 101
Montag bis Freitag 11-18 Uhr,
Samstag 11-15 Uhr, soki-kassel.de

### Moderne Märchen

Im Winter braucht es spannende Geschichten mit tollen Bildern und die finden Illustrationsliebhaber bei **rotopolpress**. Der Verlag für grafisches Erzählen bündelt in seinem Ladengeschäft die Begeisterung für liebevoll gestaltete und hochwertig produzierte Bücher und weitere Produkte wie Postkarten und Notizhefte – so lassen sich die im Bergpark erlebten Winterabenteuer gleich schriftlich festhalten.
Friedrich-Ebert-Straße 95
Dienstag bis Freitag 12-18 Uhr,
Samstag 10-14 Uhr, rotopolpress.de

### Die Prinzessin auf der Erbse

Damit morgens das Abenteuer gleich losgehen kann, empfiehlt sich eine Nacht direkt am Bergpark. Im **Gästehäuschen Mulang No. 6** hat man ein kleines Häuschen ganz für sich und ist mittendrin.
Mulangstraße 6, mulang-no6-kassel.de

### Die Gebrüder Grimm

Die beiden Mitbegründer der Germanistik waren nicht nur Geschichtenüberlieferer, sondern auch Sprachwissenschaftler. Die 2015 neu eröffnete **Grimmwelt Kassel** nimmt sich dieser Thematik an und ist dabei eher Erlebnis als Museum – inklusive modernster Architektur. Unbedingt: Ab aufs Dach! Von dort oben genießt der Besucher einen Blick über die Südstadt mitsamt der Karlsaue.
Weinbergstraße 21
Dienstag bis Sonntag 10-18 Uhr,
Freitag 10-20 Uhr, 8 Euro
grimmwelt.de

### Für den Picknickkorb

Warmes Brot, gute Butter und dazu ein Stück Ahle Wurscht. Am besten kauft man diese bei **Feinkost Rohde** – bei Ahle Wurscht gehen die Meinungen aber auch gerne einmal auseinander. Für wen die monatelang gereifte Wurst nichts ist, der probiert Weckewerk.
Frankfurter Straße 67, feinkost-rohde.de

### Raus aufs Land

In Kassel ist das Märchen noch längst nicht zu Ende erzählt, denn auch im nahen Umland finden sich viele weitere Anhaltspunkte für Fantastisches. Auf zur **Sababurg** (Dornröschen lässt grüßen) oder zu **Frau Holle** nach Hessisch Lichtenau.
Sababurg: im Naturpark Reinhardswald Hofgeismar, sababurg.de
Frau-Holle-Park: Landgrafenstraße 54, Hessisch Lichtenau
hessisch-lichtenau.de/kultur-tourismus/frau-holle-park.html

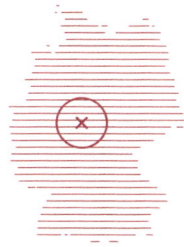

Der Bergpark Wilhelmshöhe ist UNESCO-Weltkulturerbe.

Das mit den Waschbären war kein Scherz: Hier leben unzählige der grau gemusterten Tiere. Nicht umsonst ist Kassel Waschbärenhauptstadt Europas. Die Chancen, einen zu sehen, stehen auch im Winter nicht schlecht: Er schläft nur an besonders kalten Tagen.

Diverse Ermäßigungen inkl. öffentlichem Nahverkehr gibt es mit der KasselCard (24 Stunden für 2 Personen: 9 Euro) kassel-marketing.de/de/hotels-und-angebote/staedtecards

Wenn Stella nicht gerade für ihr Online-Interview-Magazin fuenfpluszwei.de in ein Gespräch vertieft ist, geht sie als freie Redakteurin auf Reisen und schreibt darüber.

# Es ist wieder Märchenzeit

Neulich auf dem Weihnachtsmarkt: Wir unterhielten uns übers Vorlesen und erinnerten uns an früher. Es war einmal ... eine Geschichte vor dem Einschlafen. Ich mochte das sehr gerne, und genau genommen mag ich es noch immer.

VON VERENA SIMON

Nicht alle teilten diese Meinung. Wenn man ins Bett geht, sollte man einfach schlafen und Punkt. Irgendwie auch eine Geschichte, so mit Punkt. Das Schöne am Vorlesen sei, meinte eine andere Freundin: Man hört es sich an, denkt sich seinen Teil dazu und schläft damit dann ein. Die Fantasie wiegt einen also in den Schlaf.

Ich ging nach Hause und nahm ein Buch zur Hand: *Märchen Deutscher Dichter*, ausgewählt von der Schriftstellerin Elisabeth Borchers; ein Insel-Taschenbuch von 1973. Es enthält 47 Märchen, unter anderem von Hermann Hesse, Franz Kafka, Ingeborg Bachmann, Erich Kästner, Anna Seghers, Bertolt Brecht und Wolf Wondratschek. Der Philosoph Ernst Bloch schreibt darin über das Erzählen von Märchen vor dem Einschlafen: „Gegen Abend mag am besten erzählt werden. Das gleichgültig Nahe verschwindet, Fernes, das besser und näher scheint, rückt heran. Es war einmal: Das bedeutet märchenhaft nicht nur ein Vergangenes, sondern ein bunteres oder leichteres Anderswo. Und die dort Glücklichgewordenen leben, wenn sie nicht gestorben sind, heute noch."

Es ist wieder Winter, und ich habe diesen Brauch, der mich alle Jahre wieder in Winterstimmung versetzt: Ich lese Märchen und esse Grießbrei. Neben den *Märchen Deutscher Dichter* stehen *Die schönsten Kinder- und Hausmärchen* (mit Originaltext und Illustrationen von 1857) der Brüder Grimm in meinem Regal, die 1994 im Arthur Moewig Verlag erschienen sind und die ich als

Kind geschenkt bekommen habe. Es sind zwei Bände mit 120 Märchen, besonders gerne schlage ich Seite 51 im zweiten Band auf und lese *Der süße Brei* – ein kurzes, aber feines (im wahrsten Sinne des Wortes) Märchen, das so wunderbar zu meinem Winterbrauch passt.

### Der süße Brei, von den Brüdern Grimm

Es war einmal ein armes, frommes Mädchen, das lebte mit seiner Mutter allein, und sie hatten nichts mehr zu essen. Da ging das Kind hinaus in den Wald, und begegnete ihm da eine alte Frau, die wusste seinen Jammer schon und schenkte ihm ein Töpfchen, zu dem sollt es sagen: „Töpfchen, koche", so kochte es guten, süßen Hirsebrei, und wenn es sagte: „Töpfchen, steh", so hört es wieder auf zu kochen. Das Mädchen brachte den Topf seiner Mutter heim, und nun waren sie ihrer Armut und ihres Hungers ledig und aßen süßen Brei, so oft sie wollten.

Auf eine Zeit war das Mädchen ausgegangen, da sprach die Mutter: „Töpfchen, koche", da kochte es, und sie isst sich satt; nun will sie, dass das Töpfchen wieder aufhören soll, aber sie weiß das Wort nicht. Also kocht es fort, und der Brei steigt über den Rand hinaus und kocht immerzu, die Küche und das ganze Haus voll, und das zweite Haus und dann die Straße, als wollt's die ganze Welt satt machen, und ist die größte Not, und kein Mensch weiß sich da zu helfen. Endlich, wie nur noch ein einziges Haus übrig ist, da kommt das Kind heim und spricht nur: „Töpfchen, steh", da steht es und hört auf zu kochen; und wer wieder in die Stadt wollte, der musste sich durchessen.

**Rezept für Grießbrei**
(für zwei Personen)

70 g Grieß
0,5 l Milch
etwas Zucker
1 Hauch Vanille
1 Prise Salz
1 Ei
1 Esslöffel Butter

Zuerst Milch, Zucker und Vanille in einem Topf erhitzen. Sobald die Milch kocht, den Topf von der Herdplatte nehmen und den Grieß mit einem Schneebesen gleichmäßig in die Milch einrühren. Dann kommt der Deckel für etwa zehn Minuten auf den Topf, damit der Grießbrei quellen kann. Währenddessen das Eiweiß gemeinsam mit dem Salz zu festem Eischnee schlagen. Sind die zehn Minuten vorüber, wird erst die Butter, dann das Eigelb untergerührt und zuletzt der Eischnee vorsichtig untergehoben.

Verena Simon widmet sich auf ihrem Blog schreibstation. wordpress.com der Literatur und der Musik – und ab und an steht sie auch selbst auf der Bühne.

# Verzauberte Auen

VON BIANCA GADE

Nebel umhüllt die Auenlandschaft. Im Reich der Gallier erlebt man so manche sagenhafte Geschichte – erst recht zur Vorweihnachtszeit.

„Wollt ihr einen Geheimgang entdecken?" fragt Hannes Ballhorn die Kinder. „Jaaaaaa!" rufen sie und rennen seinem Zeigefinger nach in das dunkle Loch im Gebüsch. Wir Erwachsenen bleiben im Nebel stehen, der uns und die beiden Eseldamen Lissi und Lotti verhüllt.

Hannes Ballhorn bietet Esel-Jahreszeitenwanderungen durch das Biosphären-reservat Bliesgau an. Es ist kurz vor Weihnachten. Die Streuobstwiesen duften nach feuchter Erde, es ist winterlich kühl, doch liegt kein Frost. Der Nebel wabert entlang der Baumwipfel. Ein Quieken lässt die Gruppe aufhorchen: Wildschweine? Mich schaudert's – ungern würde ich einem begegnen und schon gar nicht einer Bache mit Frischlingen, was zu dieser Jahreszeit zum Glück recht unwahrscheinlich ist. Die Kinder dürfen abwechselnd auf den Tieren reiten, und Hannes erzählt Wissenswertes über die winterliche Landschaft und unsere langohrigen Begleiter.

Als 15 große und kleine Köpfe nach rund vier Kilometern zurück auf dem Hof sind, ist es bereits dunkel. Leuchtende Kerzen begrüßen uns und weisen den Weg in die weihnachtlich eingerichtete Scheune. Die Esel schauen neugierig vom Paddock zu uns herein, als wir anfangen zu essen und Weihnachtslieder zu singen.

Hof Sonnenbogen, Wolfharistraße 75, Blieskastel-Wolfersheim
25 Euro pro Erwachsener, 75 Euro pro Familie (2 Erwachsene und 1-3 Kinder)
urlaub.saarland/Media/Veranstaltungen/Esel-Jahreszeitenwanderung

Weitere herrliche Winterwanderungen im Saarland:

### Irrlichter-Tour in Beckingen

Rund drei Stunden wandert man mit Taschenlampe geführt durch den Wald und bekommt allerlei traditionelle Geschichten von Spukgeistern geboten: Man sagt, dass Irrlichter des Nachts am Litermont ihr Unwesen trieben. Jene flackernden, blauen Gestalten gaben dem verirrten Wandernden vor, dass in unmittelbarer Nähe ein Haus oder Mensch sei. Der Wandernde war für immer in den Sümpfen verloren, wenn er diesem Licht folgte …
Diese Tour auf dem Litermont-Sagenweg gibt es nur einmal im Jahr am 25. November.
Startpunkt: Dorfplatz Düppenweiler, Infos und Anmeldung bei der Gemeinde Beckingen: Telefon 06835 55-102 oder 55-105, die Teilnahme ist kostenlos.

Den gesamten 17,5 Kilometer langen Litermont-Sagenweg kann man natürlich auch tagsüber wunderbar erwandern.

### Traumschleife Panoramaweg Perl

Herrliche Panoramaausblicke auf das schöne Moseltal, nach Luxemburg und Frankreich bietet dieser Wanderweg. Die Pfade durch das Naturschutzgebiet Hammelsberg schlängeln sich durch drei Länder – wo hat man das schon?
Startpunkt: Hofgut Imsbach 1, Tholey-Theley, etwa 2-3 Stunden

### Kirkeler Tafeltour

Kilometerlange Pfade führen durch eines der größten Waldgebiete des Saarlands. Wanderer finden hier bizarre Buntsandsteinbänke, Kanzeln und Höhlen sowie geheimnisvolle Frauenbrunnen, damalige Kultstätten der Kelten.
Startpunkt: Wanderparkplatz am Naturfreundehaus, Limbacher Weg, Kirkel-Neuhäusel, etwa 2-3 Stunden

### Dollbergschleife

Hier lässt sich die Geschichte der Kelten, Köhler und Hüttenleute erleben. Das größte Eisenhüttenwerk des Hunsrück aus dem 17. Jahrhundert sowie das größte Trinkwasserreservoir in Rheinland-Pfalz und eine der größten keltischen Festungsanlagen Europas. Bei Schnee besonders schön!
Startpunkt: Köhlerhütte, Neuhütten oder Waldparkplatz, Otzenhausen etwa 2,5-4 Stunden

Aktivreisen mit Wanderschuhen und Zelt, Paddeltouren, Wanderritte, Paragliding: Bianca ist gerne draußen. Viele Informationen, auch zu den hier genannten Wanderungen, findet man auf ihrer Seite lebedraussen.de.

# Der Wilde Westen

VON NADINE LESSENICH

Tiefe Wälder, vier Nationalparks, spektakuläre Burgen, malerische Weinberge, bizarre Schluchten, spannende Höhlen, sprudelnde Wasserfälle, schaurige Moore, romantische Fachwerkdörfer, römische Spuren, blubbernde Geysire und erloschene Vulkankegel.

Was sich ein bisschen wie eine Märchenlandschaft der Gebrüder Grimm anhört, ist das wunderschöne und unglaublich abwechslungsreiche Mittelgebirge der Eifel, tief in Deutschlands Westen. Für uns Rheinländer ist die Eifel Ausflugsziel Nummer eins, wenn wir Sehnsucht nach Abenteuer, Natur, Ruhe und Entschleunigung verspüren. Die Eifel ist immer eine Reise wert, aber für uns sind der späte Herbst und Winter die schönsten Jahreszeiten. Im Oktober werden die Wälder in leuchtendes Orange und die Weinberge in kräftiges Rot getaucht. Im November versinkt die atemberaubende Burg Eltz in Nebelschwaden und man hat sie mitunter ganz für sich allein. Bei Fackelschein kann man in der dunklen Jahreszeit Wanderungen durch die bizarre Teufelsschlucht oder entlang der Vulkanregion am Laacher See machen. Im Dezember erstrahlen die pittoresken Fachwerkdörfchen in weihnachtlichem Glanz und es gibt zahlreiche Weihnachtsmärkte auf alten Burgen oder gar in Höhlen. Im Januar und Februar liegen ganze Landstriche in tiefem Schnee und es lässt sich wunderbar Wintersport treiben.

Der wilde Westen Deutschlands zeigt gerade in der dunklen Jahreszeit seine ganz besondere Atmosphäre.

„Die Eifel ist voll stiller Schönheit, Romantik und Mythen."

Nadine Lessenich, planethibbel.com

Düsseldorf: 5 km

Erkelenz
Grevenbroich
Leverkusen
Gummersbach
Bergisch
Gladbach
Köln
Frechen
Kerpen
Troisdorf
Düren
Hennef (Sieg)
Aachen
Bonn
Euskirchen
Nationalpark Eifel
Mechernich
Bad Neuenahr-
Ahrweiler
Die Bleibe
in Monschau
Kakushöhle
Heino Café
Neuwied
Deutsches
Vulkanmuseum
Lava-Dome
Samtens
Nürburg
Koblenz
Monreal
Gerolstein
Burg Eltz
MOSEL
RHEIN
Lüttich (Belgien): 40 km
Frankfurt am Main: 75 km
Bitburg
Hahn
Teufelsschlucht
Trier
Saarbrücken: 60 km
Idar-Oberstein

### Schönster Weihnachtsmarkt

Am ersten Dezemberwochen-ende findet vor der beeindruckenden Kulisse der **Kakushöhle** in Mechernich ein kleiner Weihnachtsmarkt statt. Bei Einbruch der Dunkelheit wird die Felsformation illuminiert.

Kakushöhle, Mechernich-Dreimühlen
Samstag ab 14 Uhr, Sonntag ab 11 Uhr

### Abenteuerlichste Familienwanderung

Einer der spannendsten Wanderwege der Eifel befindet sich in der großartigen **Teufels-schlucht**. Die abenteuerliche Sandsteinfelsenlandschaft bringt auch die lauffaulsten Kinder auf Trab, denn hinter jeder Biegung gibt es etwas Neues zu entdecken und man hat mitunter das Gefühl, von Trollen und Elfen beobachtet zu werden. Im Herbst und Winter werden **Fackelwanderungen** mit Märchen und Geschichten sowie Glühwein und Kinderpunsch am Lagerfeuer angeboten.

Ferschweilerstraße 50, Ernzen
teufelsschlucht.de

### Spannendstes Museum

Wer denkt bei der Eifel schon an das Land der Vulkane? Der **Lava Dome in Mendig** vermittelt Groß und Klein sehr eindeutig, dass der Boden unter den Füßen wahrhaft brodelt und der aktive Vulkansee Maria Laach irgendwann wieder ausbrechen könnte. Was dann mit der ganzen Region bis nach Köln passieren würde, erlebt man an diversen interaktiven Stationen sowie im Rundkino, in dem die Erde bebt. Ein Muss ist auch der Lavakeller, der ca. 30 Meter unter der Stadt Mendig liegt. Gänsehaut garantiert!

Brauerstraße 1, Mendig, lava-dome.de

### Romantischstes Dorf

Das wunderschöne Dörfchen **Monreal** fällt in der dunklen Jahreszeit wahrlich in einen Dornröschenschlaf. Dafür hat man die malerischen Gassen dann aber fast für sich allein, kann in Ruhe die jahrhundertealten Fachwerkhäuschen bestaunen und hoch auf den Hausberg, zur Ruine der Löwenburg, steigen.

### Grandioseste Burg

Die atemberaubend hübsche **Burg Eltz** aus dem 12. Jahrhundert liegt fast vollständig erhalten und geschützt in einem Talkessel. Im späten Herbst und Winter kann man die Burg leider nicht mehr von innen besichtigen, dafür gibt es dann aber auch sehr viel weniger Besucher drumherum.

Burg Eltz 1, Wierschem

### Hübscheste Unterkunft

Schlafen in einem Tuchmacher-haus aus dem 18. Jahrhundert, mit Balkon zum Fluss und Ausstieg durch ein Kellerfenster – das bietet das perfekt modernisierte Ferienhaus **Die Bleibe** im idylli-schen Eifelörtchen Monschau.

Stadtstraße 57, Monschau, bleibe.de

### Übrigens

Einmal zu Besuch bei Heino und Hannelore sein? Heino betreibt sein **Café in Bad Münstereifel** zwar nicht mehr selbst, aber seine berühmte Nusstorte kann man immer noch im historischen Kurhaus essen. Und wer weiß, vielleicht läuft man ihm ja in den Gassen der mittelalterlichen Eifelstadt über den Weg.

Nöthener Straße 10, Bad Münstereifel
heino-cafe.de

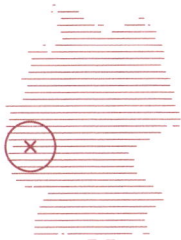

Es gibt eine kosten-lose Touren-App für Wanderungen und Radwege: *Gastlandschaften Rheinland Pfalz.*

Nadine berichtet auf planethibbel.com über die großen und kleinen Reisen mit ihrer Familie.

# Funzelfahrt im Weinberg

VON ANNA RÖTTGERS

Mainz und die Region Rheinhessen zählen zu den *Great Wine Capitals*, den renommiertesten Weinanbauregionen der Welt – als einziges Gebiet in Deutschland. Noch heute wird mitten in der Stadt Wein angebaut. Im Winter, wenn die Reben Kraft für den Frühling sammeln, steht aber der Genuss im Vordergrund.

Kahl sehen sie aus, die Weinreben. Die dürren Ästchen von Riesling- und Weißburgunderstöcken haben die Trauben abgegeben und das Blätterkleid abgeworfen. An dicken Drähten ranken sie wie verzauberte Skelette in die Höhe.

Wie gut, dass der von einem Traktor gezogene Planwagen, mit dem wir unterwegs sind, mit dicken, teils durchsichtigen Planen vor Kälte und Wind geschützt ist. So können wir die winterlichen Weinberge beobachten, ohne zu frieren. Und wie gut, dass der Wein, der während der Fahrt ausgeschenkt wird, von innen wärmt. Funzelfahrt nennt man das, was wir machen. Im Sommer ist sie eine beliebte Wochenendbeschäftigung für Weinliebhaber jeden Alters. Im Winter gilt das genauso – doch dann liegt ein besonderer Zauber in der Luft. Wir lauschen Anekdoten über den Mainzer Winter, und es gibt zahlreiche Kostproben von dem, was die Reben hergegeben haben, vom Winzersekt bis zum Winzerglühwein.

Buchen kann man Funzelfahrten im Winter am besten über Mainz Tourismus:
mainz-tourismus.com/entdecken-erleben/wein-genuss/weinfuehrungen-touren

### Essen & Trinken

Die Gegend rund um den Gartenfeldplatz (Neustadt) sowie die Gaustraße (Altstadt) sind die besten Adressen für alle, die auf der Suche nach außergewöhnlichen Cafés sind: **Dicke Lilli, Gutes Kind** in der Breidenbacherstraße 9, **Anna-batterie** am Gartenfeldplatz 2 und die **Neustadt Apotheke** am Frauenlobplatz 5.

Im **Weinhaus Michel** in der Altstadt gibt es in uriger Atmosphäre typische Mainzer Gerichte und Kleinigkeiten wie Spundekäs' mit Brezelchen oder Weck & Worscht – also Brötchen mit Fleischwurst – zum hervorragenden Woi (Wein) aus eigener Produktion.
Jakobsbergstraße 8, michel-wein.de

### Altes Handwerk

Johannes Gutenberg, der Erfinder der Druckerpresse und des modernen Buchdrucks, ist der berühmteste Sohn der Stadt Mainz und das **Gutenberg-Museum** eines der ältesten Buch- und Schriftmuseen weltweit. Neben den Ausstellungen ist der Druckladen mit seinen Druckwerkstätten einen Besuch wert. Dort können Kinder und Erwachsene verschiedene Drucktechniken lernen und ihre Druckerzeugnisse mit nach Hause nehmen.
Liebfrauenstraße 5, gutenberg-museum.de

### Eisbahn im Weinberg

Schlittschuhlaufen und Eisstock-schießen mitten in den winterlichen Mainzer Weinbergen bietet das **Hofgut Laubenheimer Höhe** von November bis Mitte Februar an. Am Wochenende ist der Andrang groß und Parkplätze knapp (Bus 64 fährt dorthin).
Auf der Laubenheimer Höhe 1-3
hofgut-laubenheimer-hoehe.de

### Fastnacht

Zwischen dem 11. November und Aschermittwoch herrscht in Mainz die fünfte Jahreszeit. Sie heißt hier Fastnacht und ist bekannt für ihre satirischen Sitzungen (die Saalfastnacht) und die Straßenfastnacht (genau sieben Wochen vor Ostern). Wer Karten für die Saalfastnacht ergattern will, muss allerdings Monate vorher buchen.
mainzer-fastnacht.de

### Spaziergänge

Wer in die Natur möchte, ist im **Mainzer Sand** gut aufgehoben. Das Naturschutzgebiet ist ein Dünen- und Steppengebiet, das in der letzten Eiszeit entstanden ist und zahlreichen seltenen Tieren und Pflanzen einen Lebensraum bietet. Bei Schnee und Frost entwickelt die Landschaft eine ganz besondere Magie.
Obere Kreuzstraße 30

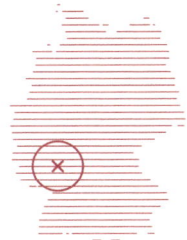

Besitzer der Mainzcard plus haben für 11,95 Euro 48 Stunden lang freie Fahrt in allen Nah-verkehrsmitteln (Bus, Straßenbahn, S-Bahn und Regionalbahn) im Raum Mainz-Wiesbaden und erhalten freien Eintritt in die Museen sowie diverse Ermäßigungen: mainz-tourismus.com.

Anna reist für ihr Leben gerne und bekommt beim Anblick einer Landkarte sofort akutes Fern-weh, kommt aber nach jeder Reise mindestens genauso gerne zurück in ihre wunderschöne Wahlheimatstadt Mainz. Über beides schreibt sie auf anemina.com.

# Die höchste Steilklippe nördlich der Alpen

VON JULIA SCHATTAUER

Spektakuläre Klippen gibt es nicht nur auf Rügen oder in den Alpen, auch im beschaulichen Rheinland-Pfalz geht es steil bergauf.

Die Morgensonne taucht ihn in leuchtend rotes Licht, als wir in dicke Jacken gepackt am Flussufer entlanglaufen. Der Blick ist stets nach oben zum Protagonisten unserer Tour, den Rotenfels, gerichtet. An der Nahe, dem Fluss, der einst Preußen und Bayern trennte, ragt das beeindruckende Felsmassiv gut 200 Meter in die Höhe und erstreckt sich über eine Länge von 1200 Metern. Der Rotenfels ist damit die höchste Steilwand nördlich der Alpen und mein Lieblingsort in der Heimat, dem Nordpfälzer Bergland. Den Namen erhielt er durch seine Färbung, die vom rötlichen Vulkangestein Rhyolith, einem Porphyr-Gestein, kommt. Das vor rund 280 Millionen Jahren entstandene Massiv ist bereits seit 1939 unter Naturschutz gestellt, um die seltenen Tier- und Pflanzenarten, wie etwa den Wanderfalken, zu schützen.

Der Felswand gegenüber, auf der anderen Flussseite, thront auf einer Anhöhe die im 14. Jahrhundert erbaute Ebernburg und etwas weiter flussabwärts die Ruine Rheingrafenstein. Der Legende nach erbaute diese der Teufel persönlich im 11. Jahrhundert. Französische Truppen sprengten die Burg im 17. Jahrhundert, seitdem ist sie eine Ruine.

„Wild romantisch", das sind die Worte, die immer wieder fallen, wenn vom Nahetal mit seinen Burgen und Schluchten die Rede ist – und treffender könnte man die Landschaft nicht beschreiben, die zu jeder Jahreszeit begeistert. Im Winter hat man die Wege für sich allein. Es ist kalt, auf der Höhe pfeift einem der Wind um die Ohren und von Kurgästen ist nichts zu sehen. Wer sich dick einpackt, erlebt die Landschaft hier auf eine besonders ruhige und unberührte Weise.

### Wanderung Rotenfels

Die rund zehn Kilometer lange Wanderung führt zunächst am Ufer der Nahe entlang, am Fuße der Steilwand. Am Rand von Norheim geht es an Weinreben vorbei und in Serpentinen hinauf auf das Bergmassiv. Oben heißt es: Aussicht genießen. In Blickhöhe liegt die Ebernburg, unten fließt die Nahe, etwas weiter sieht man Rheingrafenstein. Der Weg verläuft direkt an den Klippen mit grandioser Aussicht und schließlich durch den Wald wieder hinab ins Salinental und den Kurpark. Hier tief einatmen: Im Kurpark stehen Gradierwerke. An Holzkonstruktionen tropft salzhaltiges Solewasser herab, das ein spezielles Mikroklima erzeugt und damit der Seeluft gleicht.

*Historische Postkarte der Ruine Rheingrafenstein*

Wer an den ersten drei Advents-wochenenden unterwegs ist, sollte einen Besuch auf dem **Weihnachtsmarkt im Kurpark** einplanen, dem romantischsten Weihnachtsmarkt im Nahetal.

### Wanderung Rheingrafenstein

Genauso schön ist der 16 Kilo-meter lange Rundwanderweg **Vitaltour Rheingrafenstein.** Vom Salinental geht es hinauf zur Ruine Rheingrafenstein mit spektakulärem Blick auf den Rotenfels.

### Genießen

Im benachbarten **Bad Kreuznach** sollte man zum Abschluss ein Glas Nahewein genießen. Die beschauliche Altstadt mit den besonderen Brückenhäusern aus dem 15. Jahrhundert ist sehens-wert. Besonders hübsch trinkt man seinen Riesling direkt am Naheufer im **Bistro Körnchen** mit Blick auf die Brückenhäuser.
Kornmarkt 2, Bad Kreuznach

Eine große Auswahl an lokalen Naheweinen findet man in der **Nahe.Wein.Vinothek.** Der Weinfachhandel mit Weinbar bietet rund 150 Weine von 50 Winzern aus der Region an.
Mannheimer Straße 6, Bad Kreuznach

Julia ist waschechte Pfälzerin, lebt in Berlin und reist als freibe-rufliche Texterin viel durch die Welt. Doch in die Heimat treibt es sie immer wieder. Auf bezirzt.de erzählt sie von unterwegs.

# Weinselig im Januar

Es ist ein früher Samstagmorgen Ende Januar. Trotz klirrender Kälte herrscht rege Betriebsamkeit am Hauptbahnhof Mannheim, auf dem Gleis in Richtung Südpfalz.

VON RICARDA RAUSCH

Wander- und feierfreudige Städter, eingepackt in ergonomische Funktionsjacken, die polierten Wanderschuhe fest geschnürt, drängen in die S-Bahn und kämpfen um die knapp bemessenen Sitzgelegenheiten. Die Stimmung ist heiter, liegt doch ein Tag voller kulinarischer Freuden und Geselligkeit bei unseren Pfälzer Nachbarn vor uns.

Das Pfälzer Gemüt ist ein ganz besonderes – bodenständig, humorvoll, feierfreudig, naturverliebt und extrem gastfreundlich. Aber vor allem sind die Pfälzer Genussmenschen erster Güte. Kein Wunder, wächst doch der beste Wein unseres Landes an der Pfälzer Weinstraße, die sich 85 Kilometer entlang idyllischer, kleiner Winzerdörfer, vom Deutschen Weintor in Schweigen-Rechtenbach bis zum Haus der Deutschen Weinstraße in Bockendem am Rande Rheinhessens, schlängelt. Und der feine Wein geht besonders gut mit deftiger Pfälzer Hausmannskost zusammen. Beides lässt sich hervorragend auf einem der schier unzähligen Winzerfeste verkosten, nach deren Takt das Pfälzer Herz schlägt.

Eröffnet wird der muntere Reigen mit der Rotweinwanderung an einem Wochenende im Januar in Freinsheim, die eines der absoluten Highlights des Jahres darstellt. Zum Wein und zum Schmaus gesellt sich die Nummer drei der Pfälzer Dreifaltigkeit hinzu, das Wandern. Seit Jahren pilgere ich gemeinsam mit Einheimischen sowie vielen Touristen von nah und fern in den 5000-Seelen-Ort, um den sieben Kilometer langen Weinwanderweg über den Musikantenbuckel zu bezwingen. Damit das Ganze nicht zu sportlich anmutet, warten an 16 Ständen die sympathischen Freinsheimer Winzer mit wohltemperiertem Rotwein, Winzerglühwein und Schorle im Dubbeglas auf uns tapfere Wandersleute. Die guten Weinlagen bescheren hervorragende Tropfen, und selbst Skeptiker werden von der heutigen Qualität Pfälzer Rotweine angetan sein. Ausgeschenkt wird im 0,1-Liter-Glas, so lässt sich die gebotene Vielfalt entspannt verkosten. Auch auf den Tellern geht es immer raffinierter zu. Angefangen bei Klassikern wie Pfälzer Saumagen, Winzersteak, Liptauer-Brot und Erbsensuppe, werden bis zum Wildhasenragout im Brottopf, Pulled-Pork-Burgern, Tafelspitz und Kaiserschmarrn auch Hummer und frische Austern serviert. Mag die Pfälzer Küche eher fleischlastig ausfallen, kommen aber auch Vegetarier voll und ganz auf ihre Kosten.

Reif liegt auf den Reben, vor mir dampft ein sensationeller Burgunderbraten, den ein fruchtiger Spätburgunder perfekt abrundet. Eine angenehme Wärme breitet sich in mir aus. Ich blicke in glückliche Gesichter. Um mich herum eine lebendige Geräuschkulisse voller Lachen und Zufriedenheit, gefärbt vom eigenwilligen Pfälzer Singsang und zwischendurch etwas US-Slang. Amerikanische Touristen schätzen die Rotweinwanderung besonders. *The German Gemütlichkeit*, hier lässt sie sich in Reinform erleben.

Anreise mit den öffentlichen Verkehrsmitteln zum Bahnhof Freinsheim. Ab dort ist der Weg zum Startpunkt „Musikantenbuckel" ausgeschildert. Standöffnungszeiten für die Rotweinwanderung: Freitag 18-22 Uhr, Samstag und Sonntag 11.30-18 Uhr, pfalz.de

Besonders romantisch lässt sich die Wanderung bei **Fackelschein** am Freitagabend absolvieren. Wer Folklore schätzt, kommt um 18 Uhr zur **Begrüßung der Weinprinzessin** ins historische Rathaus. Der Fackelverkauf öffnet um 17.15 Uhr. Sonntagmorgens findet der **Volkslauf um den Oschelskopf** statt.

### Wandern

Wer mehr Zeit im Gepäck hat und weiter wandern möchte, dem sei der Fernwanderweg **Pfälzer Weinsteig** wärmstens empfohlen. Von Neuleiningen im Norden bis Schweigen an der französischen Grenze lassen sich in mehreren Etappen die schönsten Seiten von Wein und Wald entlang des Haardtrandes erlaufen.

### Erholen

Von den Wanderstrapazen und der Kälte erholt man sich am besten in den Fluten des **Salinariums in Bad Dürkheim**. Kinder haben Freude im großen Spiel- und Spaßbecken mit Wasserfall und Rutschbahnen, während die auf zwei Ebenen angelegte Saunalandschaft mit finnischer Sauna, Sanarium, Blockhaussaunen, Dampfbad und osmanischem Bad zum Abschalten einlädt.
Kurbrunnenstraße 28, Bad Dürkheim
Tageskarte Badeland 6,80 Euro/3,90 Euro, mit Sauna 14,40 Euro/11 Euro
salinarium.de

### Erleben

Auf 700 000 Quadratmetern lassen sich im **Kurpfalzpark Wachenheim** heimische Wildtiere in der Natur erleben. Dazu gibt es eine Kinderwelt mit Abenteuerspielplatz, Puppentheater und Irrgarten. Besonderes Highlight ist die Greifvogelflugschau.
Rotsteig, Wachenheim an der Weinstraße
Tageskarte 16 Euro/14 Euro, kurpfalz-park.de

Ricarda ist Kommunikationsdesignerin und Gastronomin. Als gebürtige Mannheimerin hat sie vor einem Jahr in ihrer Heimatstadt den Traum vom eigenen Café (kiosk.ma) verwirklicht. Wenn die Zeit es erlaubt, reist sie gerne überall dorthin, wo es gutes Essen, Wein, Berge und Meer gibt.

Beeindruckende Architektur: Das Museum Marta Herford

# Bemerkenswerte Museen

### Marta Herford

Fantastische Architektur und intelligente Kunst: Aus rotem Klinkerstein und Stahl erhebt sich aus runden Formen der Bau, überdacht von gewellt ansteigenden Dächern. Im Kontrast dazu steht innen die geschwungene Treppe aus warmem Holz. Die Handschrift von Frank Gehry ist unverkennbar. Auch das Ausstellungskonzept hebt sich ab: Ein abwechslungsreiches Programm zeitgenössischer Kunst stellt grundsätzliche Fragen zum Thema Design.

Goebenstraße 2-10, Herford, Dienstag bis Sonntag 11-18 Uhr, 8 Euro/4,50 Euro, marta-herford.de

### Kunsthalle Bielefeld

Das würfelförmige, moderne Gebäude aus rotem Mainsandstein wurde in den 70er Jahren von Philip Johnson, einem ehemaligen Mitarbeiter von Mies van der Rohe, errichtet. Das Museum zeigt wechselnde Ausstellungen zeitgenössischer Kunst, und der Skulpturenpark mit Werken von Ólafur Elíasso, Sol LeWitt, Henry Moore und Thomas Schütte lädt zum Flanieren ein.

Artur-Ladebeck-Straße 5, Bielefeld
Dienstag bis Freitag 11-18 Uhr, Mittwoch 11-21 Uhr, Samstag 10-18 Uhr, Sonntag 11-18 Uhr
8 Euro/4 Euro, kunsthalle-bielefeld.de

### Museum Insel Hombroich in Neuss

*Kunst parallel zur Natur* lautet das Motto dieses außergewöhnlichen Museums. Es umfasst ein Landschaftsschutzareal von 21 Hektar und ist ein reines Tageslichtmuseum mit zehn begehbaren, teils als Ausstellungsgebäude genutzten Skulpturen. Um Kunst und Natur sinnlich erfahrbar zu machen, wird auf künstliche Beleuchtung, Beschilderungen und Absperrungen verzichtet. Für einen Besuch sollten drei bis vier Stunden eingeplant werden.

Minkel 2, Neuss
April bis September: Montag bis Sonntag 10-19 Uhr, Oktober bis März: 10-17 Uhr
20 Euro/10 Euro, inselhombroich.de

### NRW-Forum Düsseldorf

Eine lebendige Ideenfabrik für die ganze Familie, ein Austellungshaus für Fotografie, Pop und digitale Kultur: Mit der Gründung der *Akademie der Avantgarde* geht das NRW-Forum einen ungewöhnlichen Weg, denn alle Vorträge und Workshops sind kostenfrei, jedes Alter ist willkommen und jeder ist eingeladen, Vorträge zu halten.

Ehrenhof 2, Düsseldorf
Dienstag bis Donnerstag 11-18 Uhr, Freitag 11-21 Uhr, Samstag 10-21 Uhr, Sonntag 10-18 Uhr
8 Euro/1 Euro, nrw-forum.de

### Stars of the Galaxy in Mönchengladbach

Ein über drei Meter langer, gigantischer Sternenzerstörer, Han Solo in Karbonit eingefroren, Laserschwert- und Waffenrepliken aus den Star-Wars-Filmen, Raumschiffmodelle – besonders stolz sind die Inhaber auf die Schlacht auf dem Eisplaneten Hoth, die im umgebauten Becken des ehemaligen Kaiserbades nachgebaut wurde.

Berliner Platz 10, Mönchengladbach
Donnerstag und Freitag 12-18 Uhr, Samstag 10-18 Uhr, Sonntag 12-17 Uhr
8,50 Euro/7 Euro, starsofthegalaxy.de

### Kunst- und Kulturstiftung Opelvillen Rüsselsheim

Neben den schön kuratierten Wechselausstellungen wird die kulturelle Vermittlung, die die Stiftung sich zur Aufgabe gemacht hat, auf erfrischende Art und Weise umgesetzt: An den geschlossenen Tagen finden Führungen für Demenzerkrankte statt, für Kinder und Schüler werden vormittags zahlreiche spezielle Bildungsprogramme angeboten, um Kunst in der Praxis aus einem kreativen und spielerischen Blickwinkel zu entdecken.

Ludwig-Dörfler-Allee 9, Rüsselsheim
Mittwoch 10-18 Uhr, Donnerstag 10-21 Uhr, Freitag bis Sonntag 10-18 Uhr
8 Euro/bis 18 Jahre frei, opelvillen.de

# Weihnachtsmärkte

### Mosel-Wein-Nachts-Markt
### in Traben-Trarbach
Der Markt findet in den unterirdischen Weinkellern im Ort statt. Egal, ob es draußen stürmt und regnet, in den alten Gewölben ist es warm und romantisch ausgeleuchet. Der Duft von Glühwein und gebrannten Mandeln lädt zum Verweilen und Stöbern ein. Die Winzer bieten ein kulinarisches Angebot an.
mosel-wein-nachts-markt.de

### Mittelalterlicher Weihnachtsmarkt
### in Siegburg
Wer in der Vorweihnachtszeit über den Siegburger Marktplatz schlendert, trifft Gaukler, Büttel und Handwerker und erlebt Mittelalter zum Mitmachen. An den Wochenenden findet ein Kinderritterturnier statt. Spektakulär geht es beim Rauhnacht-Maskenumzug und Feuerspektakel zu, ein alter Brauch, der die bösen Geister vor der Winterzeit aus den Häusern vertreibt.
mittelalterlicher-markt-siegburg.de

### Bei Schloss Moyland am Niederrhein
Der mit Fackeln geschmückte Schlosspark Moyland bietet Kunstwerke aus Holz, Stoff, Leder, feinste Keramik, Papeteriewaren, Kerzen und Schmuck. Durch die Größe des Schlossparks verteilen sich die vielen Besucher. Besonders empfehlenswert sind Bratäpfel mit Müsli, Vanillesauce und Marzipan, Schichtnougat und Stearinkerzen, die beim Abbrennen filigrane Wachsmuster zaubern.
Am Schloss 4, Bedburg-Hau
Meist um den 2. Advent, 5 Euro/bis 16 Jahre frei
weihnachtsmarkt-moyland.de

### Weihnachtszauber in Büdingen
Die ganze Altstadt ist mit Weihnachtsbäumen dekoriert, die Türme und Fachwerkhäuser erstrahlen im festlichen Glanz, der Markt gilt als Fest der tausend Lichter. Sehr schön ist ein Rundgang durch die romantische Stadt im Rahmen der Führung *Tannenzweig & Lichterglanz* (organisiert von den Darstellern des *Theater ohne doppelten Boden*).
Stets am Mittwoch vor dem 2. Advent für fünf Tage
buedingen.info/erleben/jaehrliche-highlights/weihnachtszauber

### Weihnachtsmarkt im BaseCamp Bonn
Das BaseCamp ist ein Indoorcampingplatz mit 16 Retro-Wohnwagen und ein paar original US-Airstreams. An einem Adventswochenende findet in dieser schrägen Location ein hipper Weihnachtsmarkt statt – mit Weihnachtsmann und Stockbrot backen.
In der Raste 1, Bonn, 5 Euro/bis 14 Jahre frei
basecamp-bonn.de

### Monreal
Zwischen Fachwerkhäusern unterhalb der beiden Burgruinen findet der kleine urige Markt in Monreal an einem Adventswochenende statt und gehört mittlerweile zu den beliebtesten der Eifel.
Marktplatz, Monreal, monrealeifel.de

### Weihnachtszeit auf
### Schloss Drachenburg bei Bonn
Man nehme das atemberaubende Rheinpanorama, ein rot-grün-blau beleuchtetes Schloss und ein kostümiertes Theaterensemble, und schon hat man einen besonders anderen Weihnachtsmarkt. Höhepunkt ist die Aufführung von Dickens *Weihnachtsgeschichte*, modern interpretiert. Überraschungseffekt garantiert!
Drachenfelsstraße 118, Königswinter
An den ersten drei Adventswochenenden,
es gelten die Schloss-Eintrittspreise: Tageskarte 7 Euro
schloss-drachenburg.de

# Badespaß und Wellness

## Carolus Thermen in Aachen
Das Herzstück der Therme, die von 18 imposanten Säulen getragene Badehalle, bildet ein atmosphärisches Setting zum entspannten Schwimmen. Mit seinem hohen Anteil an Mineral- und Spurenelementen gilt das Aachener Wasser als besonders gesundheitsfördernd. Gemütlich entspannen kann man nach dem Saunagang im Kaminzimmer. Neben dem Saunabereich gibt es Wassergrotten, das Solebad und einen Kneippgang.
Passstraße 79, Aachen
Tageskarte 36 Euro, carolus-thermen.de

## Emser Therme in Bad Ems
Die Therme zeichnet sich durch ihren Fokus auf Gesundheit, Erholung und Wohlbefinden aus. Insbesondere Salzinhalation, Kräuterdampfbad und Regenfeld machen sie einzigartig. Highlight: Die Emser Therme beherbergt Deutschlands erste Flusssauna mit einmaligem Blick in das Lahntal.
Viktoriaallee 25, Bad Ems
Tageskarte 27 Euro, emser-therme.de

## Asia-Therme in Korschenbroich
Die Therme im asiatischen Stil verheißt Entspannung pur. Wunderbar: Im 30 Grad warmen Becken durch die Schleuse in den Außenbereich schwimmen und die klirrende Kälte auf dem Gesicht spüren. Auch das angeschlossene Restaurant zeichnet sich durch asiatische Köstlichkeiten aus, besonders lecker ist das Pa Neg Nua (geschmorte Rindfleischstreifen mit Erdnüssen, Kokosmilch, Basilikum und rotem Curry).
Holzkamp 5-7, Korschenbroich
Tageskarte 30 Euro, asiatherme.de

## Bahia Erlebnisbad in Bocholt
Ein Ausflugtipp für die ganze Familie. Unter dem transparenten Dach liegt eine riesige Wasserwelt. Bei der Weichenrutsche Aqua Choice ist der Adrenalinkick unvermeidbar, da man während der Abfahrt wählen muss, durch welche Röhre man saust. Die Erholungsphasen zwischen den Saunagängen verbringt man am besten im atmosphärischen Beduinenzelt.
Hemdener Weg 169, Bocholt
Tageskarte 10,50 Euro, mit Sauna 23,60 Euro, bahia.de

## AquaFun Soest
Das AquaFun ist ein Allrounder allererster Klasse. Ob Wasser- und Erlebniswelt, Saunalandschaft, Wellness oder Restaurant: Hier kommt garantiert jeder auf seine Kosten. Wer sich mal wieder richtig austoben möchte, stürzt sich in das Wellenbecken, gleitet durch den Strömungskanal oder saust gleich die 90 Meter lange Röhrenrutsche hinab. In den geräumigen Saunen des AquaFun ist Entspannung angesagt.
Ardeyweg 35, Soest
Tageskarte 9 Euro, mit Sauna 16 Euro, aquafun-soest.de

## Atlantis Dorsten
Im Atlantis geht der Spaß richtig durch die Decke. Wer sich traut, kann es mit abgefahrenen Wasserrutschen wie Speed Shark, Smaragd Slide oder Black Mamba aufnehmen. Die Saunalandschaft des Atlantis ist abwechslungsreich, ob Dampfbad, Sanarium oder Salzsauna. Nachtschwärmer sollten den Terminkalender im Blick behalten: Es gibt Saunanächte mit verschiedenen Themen.
Konrad-Adenauer-Platz 1, Dorsten
Tageskarte 12 Euro, mit Sauna 18,50 Euro
atlantis-dorsten.de

# Heimat-Entdecker

Diese Reiseblogger und Journalisten haben ihre Geheimtipps mit uns geteilt. Unbedingt auf ihren Blogs vorbeischauen!

## Lynn Benda: lieschenradieschen-reist.com

Hannover › 30

Lynn ist begeisterte Reisende, die nicht genug bekommen kann vom Entdecken ferner Länder. Ihr Herz hat sie dabei an das südliche Afrika verloren und versucht nun so oft wie möglich, dorthin zu reisen. Genauso gerne ist sie allerdings auch zu Hause in Hannover und erkundet immer neue Ecken in der Stadt und Region. Über all ihre großen und kleinen Reisen schreibt sie auf ihrem Blog. Und sollte mal gerade keine Reise anstehen, liest und rezensiert sie Bücher, die sie ebenso in ferne Welten entführen.

## Marc Bensch: buchbensch.de

Stuttgart › 124

Marc schreibt, seit er schreiben kann. Autobiografisch, journalistisch, literarisch und werbetextlich, am liebsten in der Ferne, zum Beispiel bei mehrmonatigen, selbstorganisierten Aufenthalten in Palermo oder Lissabon. Doch egal, wie lange er fortbleibt: Er kehrt immer wieder in seine geliebte Heimat Stuttgart zurück.

## Marco Buch: life-is-a-trip.com

Buckow › 70

Marco ist ein neugieriger Mensch und viel unterwegs. Nach seinem Studium der Publizistik probierte er sich zunächst in über 100 Jobs in verschiedenen Ländern aus, bevor er als Location Scout und Aufnahmeleiter in den Berliner Filmbetrieb einstieg.

Das Reisen und das Geschichtenerzählen jedoch blieben seine Leidenschaften. Inzwischen hat er 77 Länder auf vier Kontinenten bereist und vier Bücher mit Geschichten veröffentlicht, zahlreiche ungewöhnliche Filmprojekte verwirklicht und seinem Portfolio noch ein paar weitere skurrile Jobs hinzugefügt.

## Annemarie Brückner: fischerins-kleid.de

Ulm › 126

Annemarie ist Gründerin von *Fischerins Kleid*, einem Fair Fashion Store mit Schneiderei im Ulmer Fischerviertel. Sie veranstaltet Vorträge, Lesungen und Kulturprojekte.

## Madlen Brückner: puriy.de

Thüringer Wald › 94

Reisen ist für Madlen seit über zwanzig Jahren eine Leidenschaft. Im venezolanischen Amazonasgebiet entdeckte sie die Mystik des Augenblicks. Es suchte sie ein Virus heim – der des Reisens und des Urwaldes. Ein Gefühl, dem sie seither immer nachjagt, auch in Mecklenburg oder Brandenburg, wo sie sich gern herumtreibt, wenn sie nicht in Südamerika oder Afrika unterwegs ist.

## Inka Chall: blickgewinkelt.de

Spreewald › 60

Inka bereist gerne die weite Welt und liebt es, Brandenburg zu entdecken. Über ihre kleinen und großen Reisen berichtet sie auf ihrem Blog und als Buchautorin.

## Jan Dimog: thelink.berlin

Jan mag Geschichten über Menschen, Bauten und Orte. Er ist Journalist und Drehbuchautor mit Stationen in Groß- und Kleinverlagen, Kommunikationsagenturen und beim Medienprogramm der *International Security Assistance Force (ISAF)* in Afghanistan als leitender Redakteur. Mit philippinischen Wurzeln auf Fehmarn und in Westfalen aufgewachsen, seit 2000 Wahlberliner. Sein Debüt als Dokfilmautor wurde auf Arte ausgestrahlt: *Countdown Afghanistan*. Er ist Mitgründer von thelink. berlin, der digitalen Weiterentwicklung seiner Architekturführer für Istanbul, die Vereinigten Arabischen Emirate und Slowenien. Jan Dimogs viertes Buch kommt im Herbst 2018 auf den Markt: *Architekturführer Kabul*.

## Manuela Eicher: seiltanz.org

Seit über zehn Jahren versucht Manuela neben ihrem Beruf möglichst viel von der Welt zu entdecken. Die Natur ist ihre Leidenschaft. Ob Safaris in Afrika, Tauchgänge mit Haien oder das Erreichen eines Gipfelkreuzes – hierbei schlägt ihr Herz höher.

## Bianca Gade: lebedraussen.de

Aktivreisen mit Wanderschuhen und Zelt, Paddeltouren, Wanderritte, Paragliding und mehr – Erlebnisberichte und Infos gibt's auf ihrem Blog. Die Heimatbasis von Bianca ist dabei das Saarland – von hier aus geht es in die ganze Welt.

## Susanne Helmer: fluegge-blog.de

Susanne ist Journalistin in Hamburg, die es vom Heimathafen regelmäßig in die Welt hinauszieht. Am Ende jeder Reise stand bislang immer dasselbe Fazit: Reisen verändert. Wie genau? Davon erzählt sie auf ihrem Blog.

## Nic Hildebrandt: luziapimpinella.com

Nic ist passionierte Weltenbummlerin, begeisterte Fotoknipserin, zwanghafte Selbermacherin, leidenschaftliche Esserin, und sie glaubt an das Glück, das in den kleinen Dingen des Lebens steckt. Auf ihrem Blog teilt sie seit 2006 ihre Reisen und alles, was sie sonst noch begeistert.

## Steven Hille: funkloch.me

Steven liebt die Natur, verrückte Ideen, Lissabon und den Fahrtwind auf seinem Rennrad. Und er liebt es, immer wieder seine Grenzen auszutesten. Dafür läuft er den einen oder anderen Marathon oder versucht, in 24 Stunden 100 Kilometer zu wandern. Irgendwann dachte er sich, dass er nur noch Projekte realisieren sollte, die einen guten Nutzen haben. Inzwischen sammelte er Spenden für ein Tigerbaby, unterstützte ein nationales Bienenprojekt und baute einen Brunnen in Uganda.

## Marianna Hillmer: weltenbummlermag.de

Die Hamburgerin mit griechischen Wurzeln studierte Literatur-, Kultur- und Rechtswissenschaften, arbeitete in Indien, Griechenland und München und gründete 2018 gemeinsam mit Johannes Klaus den Reisedepeschen Verlag. Das Paar hat zwei Töchter und lebt in Berlin.

### Nina Hüpen-Bestendonk: smaracuja.de

Nina lebt in Berlin, doch ist insgeheim fest davon überzeugt, dass die Currywurst eigentlich aus Bochum kommt. Sie bloggt in illustrativen Geschichten übers Reisen, Heimweh und wie man Flummiwelt-meisterin wird.

### Marc Jerusel und John Abert: 1thingtodo.de

John und Marc sind stets auf der Suche nach besonderen Reisemomenten. Im Rahmen ihres Projekts #GoEast laden sie dazu ein, den Osten Deutschlands neu zu entdecken. Wenn die zwei Slow Traveller nicht unterwegs sind, leben sie in Berlin.

### Ralf Johnen: boardingcompleted.me

Ralf ist halber Niederländer und Vollblut-rheinländer. Als gelernter Tageszeitungs-journalist verdingt er sich mit dem Schreiben von Büchern und Blogs. Am liebsten mag er Nadelwald, die Nordsee und Pinot Noir.

### Christoph Karrasch: christophkarrasch.de

Christoph ist hauptberuflich neugierig. Als Reisejournalist, Radiomoderator und Fernsehreporter sucht er auf der ganzen Welt nach Orten und Menschen, die Geschichten erzählen können. Dabei tut's auch manchmal weh – wie beim Neujahrs-anbaden an der Nordsee.

### Johannes Klaus: reisedepeschen.de

Johannes mag Reisen und Bücher – deshalb gründete er mit Marianna Hillmer den Reisedepeschen Verlag. Gemeinsam leben sie gutgelaunt mit ihren zwei Töchtern in Berlin.

### Daniela Klütsch und Nick Reiter: landlinien.de

Ihr Thema ist nachhaltiges Reisen. Sie lieben das Wandern, sind oft nur mit Rucksack und Kamera unterwegs, neugierig, anderen Menschen und Kulturen zu begegnen. Nick hat eine besondere Vorliebe für asiatisches Essen und Danni für die Natur Irlands.

### Ariane Kovac: heldenwetter.de

Ariane reist nicht, um Abenteuer zu erleben. Wenn sie unterwegs ist, möchte sie so viel wie möglich über Menschen und ihre Kultur erfahren, in Deutschland, Europa und auch in fernen Ländern. Geschichten und Bilder davon landen auf ihrem Blog.

### Anika Landsteiner: anidenkt.de

Anika reist und schreibt darüber. Seit 2017 gibt es besondere Reisegeschichten in ihrem Buch *Gehen, um zu bleiben* zu lesen, 2018 folgte ihr Romandebüt *Mein italienischer Vater*.

### Nadine Lessenich: planethibbel.com

Nadine berichtet seit 2011 über die großen und kleinen Reisen mit ihrer Familie. Ob Elternzeit in Thailand, Roadtrip durch Kanada, Beachlife auf den Malediven, Safari in Südafrika, Outdoor-Spaß in Norwegen oder einfach nur unzählige kleine Abenteuer in der Heimat – Reisen mit Kindern sind eine Bereicherung und Herausforderung.

## Adriane Lochner: globestories.com

Die freie Journalistin erzählt mit einem Fokus auf Freiheit, Abenteuer und ungewöhnlichen Geschichten. Kurzberichte und Reportagen sollen unterhalten und hilfreiche Informationen liefern zum jeweiligen Reiseland. Selten läuft alles nach Plan. Humor und Selbstironie gehören mit in die Reisetasche.

## Elisa Model: takeanadVANture.com

Elisa wohnt im Allgäu, liebt Roadtrips und die Natur. Sie schreibt über das Reisen auf und neben der Straße, über die Liebe zum Draußensein und die Geschichten dahinter. Mit einer Matratze im Kofferraum und dem Rucksack auf der Rückbank ist sie auf den Straßen dieser Welt unterwegs, auf der Suche nach Abenteuern und diesem einen speziellen Moment.

## Taina Niederwipper: vergoldetezeit.de

Seit 2013 bloggt Taina über Themen, die sie bewegen, Menschen, die sie faszinieren, Ideen, die zu gut sind, um nicht gehört zu werden, und Orte, die man nicht im Reiseführer findet.

## Jens Notroff: lettersfromthefield.com

Als Archäologe von Skandinavien bis in den Nahen Osten unterwegs, kann Jens auch zwischen Ausgrabungsexpeditionen die Füße nicht so recht stillhalten. So zieht es ihn irgendwie immer wieder hinaus: im Kajak nach Grönland, unter Segeln nach Kroatien, auf Schneeschuhen durch den norwegischen Winter und zum Wracktauchen nach Ägypten.

## Bernadette Olderdissen: bernadette-olderdissen.org

Seit 2017 arbeitet sie als freie Reisejournalistin und -autorin. Ständig in der Welt unterwegs, teilt sie in Reportagen ihre Abenteuer und Eindrücke, die so gar nichts mit den täglichen Bildern aus dem Fernsehen zu tun haben. Seit 2015 ist sie Autorin der Globetrotter-Krimi-Serie, bei der ihre Protagonistin in verschiedenen Ländern über diverse kulturelle Hürden, aber sehr ähnlich gestrickte Menschen stolpert.

## Stella Pfeifer: fuenfpluszwei.de

Wenn Stella nicht gerade für ihr Online-Interview-Magazin in ein Gespräch vertieft ist, geht sie als freie Redakteurin auf Reisen und schreibt darüber. Den Winter verbringt sie jedoch am liebsten in der Heimat. Dann genießt sie besonders die eisige, klare Luft, die Ruhe morgens vor dem Sonnenaufgang und das wohlige Geräusch beim Spazierengehen inmitten von frisch gefallenem Schnee.

## Ricarda Rausch: kiosk.ma

Ricarda ist Kommunikationsdesignerin und Gastronomin. Als gebürtige Mannheimerin hat sie vor einem Jahr in ihrer Heimatstadt den Traum vom eigenen Café verwirklicht. Wenn die Zeit es erlaubt, reist sie gerne überall dorthin, wo es gutes Essen, Wein, Berge und Meer gibt.

## Anna Röttgers: anemina.com

Mainz › 174

Anna reist für ihr Leben gerne und bekommt beim Anblick einer Landkarte sofort akutes Fernweh, kommt aber nach jeder Reise mindestens genauso gerne zurück in ihre wunderschöne Wahlheimatstadt Mainz.

## Cindy Ruch: cakeandcamera.wordpress.com

Alemannische Fasnacht › 134

Cindy ist Reisejournalistin, Fotografin, Übersetzerin und arbeitet in einer Buchhandlung. Seit drei Jahren wohnt sie in Berlin und reist gerne zu den Meeren, Halbwüsten und in den Schwarzwald. Immer dabei: Canon A-1 und Tagebuch.

## Julia Schattauer: bezirzt.de

Rotenfels › 176

Julia ist Pfälzerin, lebt in Berlin und reist als freiberufliche Texterin viel durch die Welt. Doch in die Heimat treibt es sie immer wieder. Mit *Krawwelkatz – Das Magazin für Rheinland-Pfälzer* hat sie sich den Herzenswunsch vom eigenen Magazin erfüllt.

## Julia Schilling: vierzigneunzig.de

Bodensee › 128

Julia ist nach vielen Reisen rund um den Globus zurück zu ihren Wurzeln an den Bodensee gekehrt. Neben ihrem Blog arbeitet sie als Wellnessmasseurin und Marketingassistentin. Ihre Tochter bereichert den Rest ihres Alltags.

## Melanie Schillinger: goodmorningworld.de

Wallberg › 112

Melanie liebt diese ganz besonderen Gänsehautmomente auf Reisen über alles. Auf ihrem Blog teilt sie ihre Erlebnisse von den schönsten Orten unserer Erde.

## Anke und Thorsten Schöps: moosearoundtheworld.de

Schwarzwald › 130

„Das Leben ist zu kurz für Irgendwann." Unter diesem Motto entdecken Anke und Thorsten seit 2010 gemeinsam die Welt. Auf der Suche nach unberührter Natur und Abenteuern haben die beiden vor allem Skandinavien und Nordamerika ins Herz geschlossen. Endlose Weiten und einzigartige Natur entdecken sie am liebsten auf ausgedehnten Roadtrips oder zu Fuß.

## Angelika Schwaff: reise-freunde.com

Kohlfahrten › 34

Angelika ist seit 2010 Herausgeberin des Blogs Reisefreunde und immer auf der Suche nach besonderen Orten, bestem Essen und Menschen, die etwas Spannendes erzählen können.

## Verena Simon: schreibstation.wordpress.com

Märchenzeit › 166

Verena arbeitet in einem Verlag, lektoriert frei, konzipiert Buchprojekte, schreibt für verschiedene Medien und an einem Roman. Auf ihrem Blog widmet sie sich der Literatur und der Musik – und ab und an steht sie auch selbst auf der Bühne.

## Nina Soentgerath: reisehappen.de

Nürnberg › 108

Nina ist Reisebloggerin und Grafikdesignerin mit Homebase in Nürnberg. Sie hat bereits sechs Kontinente und 56 Länder bereist – das Fernweh ist geblieben, doch auch die Heimatliebe gewachsen.

Die zweite Leidenschaft der gebürtigen Fränkin ist das Kochen und Essen, bei Käse kann sie nicht nein sagen.

## Anne Steinbach und Clemens Sehi: travellersarchive.de

Usedom › 42

Anne und Clemens sind immer auf der Suche nach versteckten Märkten, verstaubten Hintergassen und zu scharfem Essen. Dafür reisen sie in brüchigen Bussen durch den Senegal, machen einen Roadtrip durch den Libanon, den Iran oder die Elfenbeinküste, messen sich mit Cook Islandern im Ukulelespielen oder zelten am Fuße des Mount Cook in Neuseeland. Wenn sie nicht gerade reisen, sind sie in Berlin und planen neue Abenteuer.

## Sandra Timár: lu-morgenstern.de

Rügen › 38

Sandra lebt in Berlin und ist am glücklichsten, wenn sie reisen und ein neues Stück von der Welt entdecken kann. Als Lu Morgenstern erzählt sie am liebsten Geschichten über Menschen und Orte.

## Ria Voß: riaontour.de

Hamburg › 22

Ria wurde irgendwann zwischen ihrem Austauschjahr in den USA und ihrem ersten Backpackertrip durch Thailand von der Reiseleidenschaft gepackt. Danach folgten viele Reisen quer durch Europa, nach Kuba und auf den afrikanischen Kontinent. Per Roadtrip ein Land auf eigene Faust erkunden, das ist für sie das Nonplusultra.

## Sally Wilkens: ersieweltreise.de

Kamelreiten › 110

Die Hamburgerin im Herzen guckte in ihrer Heimat zu viel den Schiffen nach. „Man müsste mal …"-Augenverdreherin. Den Mann, der auf der Reise ihres Lebens ihre Hand hielt, hat sie geheiratet, sie ist Mama und lebt als Journalistin in Berlin.

Für die großartigen Empfehlungen für Museen und Weihnachtsmärkte bedanken wir uns besonders bei:

Jan Dimog: thelink.berlin
Elena Paschinger: creativelena.com
Sarah Althaus: rapunzel-will-raus.ch
Christoph Karrasch: christophkarrasch.de
Katrin Lehr: viel-unterwegs.de
Nina Soentgerath: reisehappen.de
Jenny und Basti: 22places.de
Ria Voß: riaontour.de
Stefanie Dehler: gipfel-glueck.de
Cindy Ruch: cakeandcamera.wordpress.com
Morten Hübbe und Rochssare Neromand-Soma: mortenundrochssare.de
Elke Weiler: meerblog.de
Taina Niederwipper: vergoldetezeit.de
Britta Smyrak: looping-magazin.de
Barbara Rubert
Gerd Teynor
Stephan Vogel
Julia Lassner: globusliebe.com
Britta Meyer: myhappyplaces.de
Desiree Gorges: degoartig.de
Andrea Nehry
Finja Petersen: nordziele.de
Kirsten Mengewein: kiraton.com
Renate Homfeld: fernwehheilen.com
Michèle Lichte: bonnentdecken.de
Helga Henschel: trolley-tourist.de
Inge Dietrich
Anke und Thorsten Schöps: moosearoundtheworld.de
Silke und Thomas: outdoor-hochgenuss.de
Lennart Adam: derrufderaale.com
Eva Grossert: hiddengem.de
Familie Sinner
Lucia Täubler: irishbyheart.com
Henning Parche
Claudia Baumgartner: roadmovia.wordpress.com

Darüber hinaus danken wir auch allen, deren Empfehlungen wir leider nicht mehr im Buch aufnehmen konnten.

# INDEX

Wir freuen uns, dass es euch besonders gute Menschen gibt.
Ihr habt dieses Buch durch Crowdfunding vorbestellt. Dankeschön!

Adriane Lochner, Alexander Rigó, Alexandra Hiddemann, Alexandra Plücker, Alexandra Schnappauf, Alexandra Targiel, Andrea Meitinger, Anke Jobs, Ann Katrin Becker, Ann-Kathrin Thiele, Anna Theil, Anne Geppert, Anne-Katrin Behnert, Aputi!, Ariane Kovac, Barbara Bänsch, Barbara Steinbauer-Groetsch, Beate, Ben, Benedikt Weichel, Bernadette Olderdissen, Bianca Rech, Björn Michelmann, Bjorn Troch, Carina Stöwe, Charlotte M. P., Chocolate Crisp, Christina Behrendt, Christina Hillmer, Christof Westphalen, Christoph Eggert, Claudia Völker-Cheung, Clemens M. Sehi, Daniel Rausch, Daniela, Danke und viel Glück wünscht Carsten, Daria Willner, das Kaddertier, Désirée Gloede, Diana Dämmrich, Dina Dennerlein, Dirk Sommerfeld, Dirk W. Meersmann, Dominic Spinner, Don Pedro, Dr. Wolfgang Reinert, Edith, Elisabeth, Fee-Jasmin Rompza, Ferien im Denkmal Quedlinburg, #passionformountains Florian Castlunger, Florian Franke, Franzi Schädel, Franziska Bartholdi – eine Weltenbummlerin, Franziska Feldmann, Gabi Schumann, GesäuseQuilterin, Gregorio Jones, Hans Georg Fitzky, Hans-Georg Renner, Harald Schneider, Heike Keuthen, Hendrik Neumann, Herzerquicklich, I. Richter, Jana Ludwig, Jana Mänz, Janett Schindler (teilzeitreisender.de), Janine Sigulla, Jasmin Schreiber, Jenny Bormann, Jens, Johanna & Thomas & Julian, Julia Bütow, Julia Last, Julia Otto, Ka Di, Karin Lochner, Kate, Katharina Sommer, Katja, Katrin & Manuel & Emily, Katrin Lehr, Katrin Testrich-Volz, Kerstin, Kerstin Dollas, Kerstin Maier, Kerstin Raczak, Kerstin Ziege, Kirsten Klaus-Thiele und Dirk Thiele, Klicklabor, Kocherscheidt Kommunikation, Kristoffer Kroll, Linda Trepper, Linda Wurst, Lysann Fiedler, Malik Riaz Hai Naveed, Mandy Berthold & Mathias Tischmann, Manfred Roos, Manuel Bax, Maren Ehlers, Maren Kumpe, Maren Reichardt, Marianne 2 Hülsen, Mario Ender, Marion Schäfer (escape-from-reality.de), Markus Helbling, Martin Brodeck, Martin Sandvoss, Martina Mager, Mathias Conrad, Mela | individualicious.com, Melanie L., Melina & Judith & Petra, Melly @mellyike, Michael Boehnke, Michael Klug, Michaela Braun, Moritz Orendt, Nadja Widmer, Nancy Troll, Nathalie Raynaud-Duprospert, Nic Hildebrandt, Nicole Brune-Gelardi, Nina Hüpen-Bestendonk, Nina Skopinski, Noni, Olaf Bollbrinker, Oli Bähr, Patrick Görsch, Patty Wiesbrock, Peter + Anne Boss Murten/ Schweiz, Peter Hüftlein, Peter Lascych, Petra Kochmann, Philipp Laage, Philipp Schreiber, Raja Mollitor, Raja Violetta Spindler, Ricarda Rausch, RnB, Romy Mlinzk, Ronny Püschel, Rudolf Lex, S.Kipke, Sabine Schrader, Sabrina Cremer, Sandra Schilz, Sandra Timár, Sandro Schachner, Schlicher, Sebastian Canaves (Off The Path), Sebastian Piott, Sieglinde und Dimitris, Silke und Andreas Braam, Simona Cornehl, Sonja Brüll, Stefan Gesele, Stefani & Jonathan Hontschik, Stefanie @Smile4Travel, Stefanie Claus, Steffen Lehmann, Steffen Wörner, Steffi Jansen, Stephanie Silber, Stop Dreaming – Start Living!!, Susan Manthey, Susanne & Dirk, Suse, Paul und Albert Czaika, Svenja Goebel, Tanja Hartmann, Tanja J. Latsch, Theodor Evert, Thomas Bornhofen, Thomas Wuscher, Thomas_yvr, Till Müller, Timo Maurer, Timo Wörtmann, Tina Eufinger, travellerblog.eu, Ulla Klaus, Valeria Dubrowina, Verena Singmann, Volker Hensel, Wencke Reichmann, Wiebke Ketelsen, William Gosset, Wolfgang Reif-Neuss

**Bildverzeichnis:** Klappe hinten, Seiten 16, 17, 19, 80, 81: Aylin und Stefan Krieger; Seite 5: Maddy Baker; Seite 8: Johny Goerend; Seiten 26, 27: Nic Hildebrandt; Seite 30: Lynn Benda; Seiten 32, 33, 146, 147, 149: Nina Hüpen-Bestendonk; Seite 34: Angelika Schwaff; Seite 36: SPiCE Show Production; Seite 38: Sandra Timár; Seite 39: Daniel von Appen; Seiten 41, 46, 96, 144, 180: Johannes Klaus; Seiten 42, 43: Anne Steinbach und Clemens Sehi; Seiten 54, 55, 57: Taina Niederwipper; Seite 58: Hannes Schwessinger; Seiten 60, 61: Inka Chall; Seiten 64, 65, 66, 67, 68, 69: Jan Dimog; Seite 70: Marco Buch; Seite 71: Steffen Zahn; Seiten 78, 93: John Abert und Marc Jerusel; Seiten 82, 83, 85: Susanne Helmer; Seite 88: Nathan Dumlao; Seiten 90, 91: Ariane Kovac; Seiten 94, 95: Madlen Brückner; Seite 104: Manuela Eicher; Seite 106: Adriane Lochner; Seite 107: Stefan König; Seite 108: Michael Beer; Seite 111: Bayern-Kamele; Seite 112: Melanie Schillinger; Seite 114: Wildnisschule Allgäu; Seiten 116, 117: Elisa Model; Seite 124: Tomi Wagner; Seiten 130, 131: Anke und Thorsten Schöps; Seite 136: Waldweihnacht Schweinhütt; Seiten 150, 151: Daniela Klütsch und Nick Reiter; Seite 154: Bernadette Olderdissen; Seite 162: Stella Pfeifer; Seite 168: Bianca Gade; Seiten 170, 171: Nadine Lessenich; Seite 174: Karsten Wurth

Originalausgabe
Erste Auflage, Berlin im September 2018

ISBN 978-3-96348-002-7

Gestaltung und Herstellung sowie die Karten und Illustrationen lagen in
den Händen von Johannes Klaus. Die Umschlagillustration fertigte Henry
Rivers (travelposter.co) in enger Zusammenarbeit mit dem Verlag an. Das
Lektorat und Korrektorat übernahm Christoph Karrasch. Das Buch wurde
in der Brandon Grotesque und der Brandon Text von Hannes von Döhren
gesetzt. Druck und Bindung nahm die DZA Druckerei zu Altenburg vor.
Gedruckt wurde auf Munken Polar Rough und Magno Natural, hergestellt
aus chlorfrei gebleichtem Zellstoff aus nachhaltiger Waldwirtschaft.

Die Deutsche Nationalbibliothek verzeichnet diese Publikation in der
Deutschen Nationalbibliografie; detaillierte bibliografische Daten sind im
Internet über http://dnb.dnb.de abrufbar.

Du kannst Teil dieses Buches sein: Schick uns deine Hinweise, Geheimtipps
und Verbesserungsvorschläge, erkläre uns, was so nicht mehr stimmt und
was unbedingt in die nächste Auflage sollte.
Wir freuen uns auf deine Nachricht an hinweis@reisedepeschen.de.

reisedepeschen.de